Robert Brettschneider

Tu felix Austria

Die andere Seite der Alpenrepublik

Ein Insider berichtet

Bibliografische Informationen der Deutschen Nationalbibliothek:
Die Deutsche Nationalbibliothek verzeichnet diese Publikation in der deutschen Nationalbibliografie; detaillierte bibliografische Daten sind im Internet über http://dnb.ddb.de abrufbar.

Impressum:

Autor: Robert Brettschneider
Covergestaltung u. Buchlayout: www.satzstudio-roth.de

Herstellung und Verlag:
Books on Demand GmbH, 22848 Norderstedt
2.Auflage
ISBN 9783839105122
© 2009 Robert Brettschneider

Bildnachweis: W. Hölzl S 113; TU-Wien S 119
Fotos Cover: Jürgen Treiber, pixelio; Claudia Hautumm, pixelio

Inhaltsverzeichnis

Die Legende von der Insel der Seligen

Kein Meer und doch ein Beach – Realitätsbewältigung auf österreichisch – das historische Erbe und seine Folgen – Metternich und seine Zeit – die Obrigkeit und ihre Untertanen – warum sich Österreicher nie entschuldigen – alles eine Frage der (Macht)distanz – kleine Erpressungen erhalten die Freundschaft – alles nur eine Frage des Einvernehmens – sag´ immer Danke – ohne Beziehungen geht gar nichts – kleines Wörterbuch der anderen Art – kurzer Knigge für den Umgang mit Österreichern – das Kabarett als Ventil – schröpfen, bis nichts mehr geht – der Prophet gilt nichts im eigenen Land

Die Wirtschaft in Österreich – und andere Kuriosa

Besser Fremdenverkehr als gar keiner – ohne Industrie geht's nie – Gas geben wörtlich genommen – warum Konzerne nicht erwünscht sind –Statistiken: was nicht passt, wird passend gemacht – eine »österreichische Lösung« – Volkssport Versicherungsbetrug – das Land der »Extrawürste« – Fairness im Sport – der Komplex gegenüber den Deutschen – wenn die Pleite langsam naht, rufst du einfach nach dem Staat – Budget bitte verbrauchen

Skurrile Geschichten aus dem Alltag

Geselligkeit ist alles – Tischgespräch unter Managern – Heiteres vom Finanzamt – Wiener Kellergeschichten – unsere liebe Post – die Polizei, dein Freund und Helfer – Befund mit kleinen Mängeln – Belästigung am Arbeitsplatz – eine kleine Landpartie

Die größten Skandale und Katastrophen
Der Fall »Lucona« – das AKW Zwentendorf – der AKH -Skandal – der Glykol-wein-Skandal – die Todesengel von Lainz – die »Konsum«-Pleite – das Grubenunglück von Lassing – die Seilbahnkatastrophe von Kaprun

»Wenn es Ihnen hier nicht passt, können Sie jederzeit auswandern«
(... und warum trotzdem viele bleiben.)
Wem es nicht gefällt, der darf gehen – kleiner Check für Neueinwanderer – ein Elchtest und seine Folgen – Patrioten auf Wochenendflucht – Wegsehen hat Tradition – die Gleichmacherei: ein österreichisches Grundübel – des Systems liebste Kinder: mittelmäßige Bürger – Schwächen beheben statt Stärken forcieren – Fremdenfeindlichkeit hat immer Saison – ein prägendes Erlebnis und die Lehren daraus – ein heikler Vergleich – das Beste an Wien

Österreich und die Welt – Zukunftsperspektiven in einem gemeinsamen Europa
Die »Brücke Europas« ist morsch – das böse Ausland – wie kaschiere ich Niederlagen – Ösi, bleib bei deinen Leisten – ein »Wunder-Team« zum Wundern – wie man Motivationstrainer demotiviert – Zukunftsperspektiven – Anregungen für Besserungswillige

Zum Geleit

Ich habe lange überlegt, ob ein Buch wie dieses überhaupt geschrieben werden sollte.

Schließlich will man nicht als »Nestbeschmutzer« dastehen, außerdem ist man ja normalerweise auch Patriot jenes Landes, in dem man geboren und aufgewachsen ist – und in welchem man nach wie vor lebt. Andererseits – so sagte ich mir – hat die Öffentlichkeit ein Recht darauf, zu erfahren, was in diesem Land vor sich geht.

So habe ich dieses Buch also doch geschrieben.

Ich habe mich dabei – soweit möglich – auf nachprüfbare Fakten und belegbare Sachverhalte beschränkt, ergänzt durch persönliche – manchmal leidvolle – Erfahrungen mit dem jeweiligen Thema. Diesen »Spagat« zu schaffen, einerseits gewissenhaft recherchierte Informationen und Hintergrundberichte anzubieten, andererseits aber auch aufzurütteln und Emotionen zu vermitteln – dies war für mich die eigentliche Herausforderung dieses Buches.

Wien, im April 2009
Robert Brettschneider

Österreich – schon mit dem Wort allein verbindet man angenehme Gefühle, man denkt an Sängerknaben, Mozartkugeln, Walzer-Seligkeit und die berühmte »Gemütlichkeit«, welche den Österreichern ja angeblich im Blut liegt. So mancher Tourist gerät in haltloses Schwärmen, bei seinen Erinnerungen an romantische Fiakerfahrten und herrlich verklönte Nächte beim Heurigen im letzten Wien-Urlaub.

Aber wie sieht es hinter der Fassade aus? Nein, damit meine ich nicht den Wein-Skandal der 80er-Jahre und auch nicht die Tatsache, dass es eigentlich eine Unsitte ist, »heurigen« – also frisch gelesenen – Wein zu trinken. Worum es mir geht, ist die andere Seite dieses Landes, die unschöne Grimasse, welche hinter all diesem charmanten »Küß-die-Hand«-Getue steckt.

Dieses andere Gesicht Österreichs lernt man als Tourist niemals kennen, man muss Einheimischer sein – oder zumindest lange Zeit in Österreich gelebt haben – um zu diesen Niederungen der österreichischen Seele Zugang zu erhalten. Dem oberflächlichen Betrachter sagt zwar der Instinkt, dass mit einem europäischen Staat, welcher keine nennenswerte Industrie und keinen einzigen Konzern besitzt, bis 1998 nicht einmal privates Radio hatte, und dessen langjähriger Gesundheitsminister von Beruf Tierarzt ist, irgendetwas nicht ganz stimmen kann.

Allerdings wird er die Ursachen dafür niemals ergründen können.

So ist es also die Aufgabe eines »gelernten Österreichers«, für die entsprechenden Hintergrundinformationen zu sorgen.

Die Idee, über die Hintergründe und meine persönlichen Erfahrungen mit Österreich ein Buch zu schreiben, kam mir vor ein paar Jahren anläßlich einer Fernseh-Reportage, wo über Touristen berichtet wurde, die mit einem Tragflügelboot auf der Donau in Wien anlegten. Da es sodann weiter nach Bratislava und Budapest ging, hatten die Besucher in Wien nur zwei Stunden Aufenthalt – zu kurz für ausführliche kulturelle Besichtigungen.

Nach Beendigung ihres »Landganges« wurden sie interviewt.
»Wahnsinn, man fühlt sich in eine andere Zeit versetzt …
dieses Küß-die-Hand-Getue kann doch unmöglich ernst
gemeint sein …
da müsste man mal hinter die Kulissen gucken, da stimmt doch
irgendetwas nicht …«

Dieser Blick hinter die Kulissen liegt nun in Buchform vor.

Ich denke, dass dieses Buch für jeden, der an Österreich, seiner Geschichte und seinen Bewohnern interessiert ist, eine aufschlussreiche Lektüre darstellt und somit auch zum besseren Verständnis der »österreichischen Seele« beitragen kann. Denn es ist ja auch interessant, die Gründe für das manchmal etwas eigentümliche Verhalten der Österreicher zu kennen. Etwa, warum sie selten über ein selbstbewusstes Auftreten verfügen, aber trotzdem so gar nicht bereit sind, sich für einen ihrerseits begangenen Faux-pas oder Fehler zu entschuldigen.

All diesen Fragen wird in diesem Buch nachgegangen.

Auch habe ich mich bemüht, den Inhalt humorvoll zu gestalten und dafür zu sorgen, dass auch die positiven Seiten – die Österreich zweifellos besitzt – nicht zu kurz kommen.

In diesem Sinne:
Viel Spaß beim Lesen!

Erstes Kapitel

Die Legende von der Insel der Seligen

Kein Meer und doch ein Beach — Realitätsbewältigung auf österreichisch — das historische Erbe und seine Folgen — Metternich und seine Zeit — die Obrigkeit und ihre Untertanen — warum sich Österreicher nie entschuldigen — alles eine Frage der (Macht)Distanz — kleine Erpressungen erhalten die Freundschaft — alles nur eine Frage des Einvernehmens — sag´ immer Danke — ohne Beziehungen geht gar nichts — kleines Wörterbuch der anderen Art — kurzer Knigge für den Umgang mit Österreichern — das Kabarett als Ventil — schröpfen, bis nichts mehr geht — der Prophet gilt nichts im eigenen Land

Es ist ein schönes Land, dieses Österreich, jeder der schon einmal da war, wird das gerne bestätigen, die landschaftlichen Besonderheiten sind einzigartig in Europa, wenn nicht sogar auf der ganzen Welt. Und dazu die Menschen, immer lächelnd, immer liebenswürdig, immer charmant ...

Das müsste doch eigentlich das Paradies auf Erden sein?

Also, irgendwie glaube ich das mit dem Paradies nicht wirklich, irgendeine Schattenseite gibt es doch überall, oder? Ah, ich hab`s. Österreich liegt nicht am Meer.

Dies ist natürlich ein Nachteil, was soll man tun, das haben die Österreicher in ihrer realitätsfernen Selbstüberschätzung, Anfang des vorigen Jahrhunderts »vergeigt« und das ist heute nicht mehr zu ändern. Sie leiden auch ziemlich darunter, ein Binnenstaat ohne Zugang zum Meer zu sein und bei dieser Gelegenheit können wir gleich etwas Wichtiges über die österreichische Seele erfahren: wenn ein Österreicher ein Problem sieht, welches er — scheinbar oder tatsächlich — nicht lösen kann, dann tut er einfach so, als wäre dieses Problem überhaupt nicht vorhanden.

Wie »vertuscht« man nun die Tatsache, keinen Zugang zum Meer zu besitzen, vor sich und anderen am besten?

Nun, man veranstaltet zum Beispiel an einem See in Kärnten ein »Beachvolleyball-Turnier« und macht kräftig Werbung dafür.

Zum einen läßt dies die Kassen der Veranstalter klingeln und zum anderen erweckt es den Eindruck, das ohnehin alles in Ordnung sei, denn wo ein »Beach« ist, muss ja auch irgendwo ein Meer sein. Somit passt wieder alles in diesem Land und es können sich alle wieder dem ausgiebigen Besuch von Heurigen und Kaffeehäusern widmen.

Ich weiß, dass dies etwas sarkastisch klingt, aber glauben Sie mir, verehrter Leser, wir werden auf unserer Reise durch dieses »Paradies der Seligen« noch ganz andere Dinge erleben...

In jedem Fall wird uns diese Strategie des Verdrängens (so nennen Psychologen diese Verhaltensweise) auf der Suche nach den Hintergründen der österreichischen Wesensart noch öfter begegnen. Sie ist nämlich eine der wichtigsten Voraussetzungen, um halbwegs unbeschadet in Österreich leben zu können. Die Österreicher wurden diesbezüglich in der Vergangenheit auch entsprechend vorbereitet und konditioniert, denn im Biedermeier unter Fürst Metternich – auf den ich an anderer Stelle noch zu sprechen komme – war jede aktive Beteiligung am öffentlichen und politischen Leben unerwünscht und wurde teilweise sogar unter Strafe gestellt.

Diese Verdrängung des realen Geschehens ist darüber hinaus auch bei Konfrontationen mit dem permanenten Gegenspieler des Bürgers – der Behörde – recht hilfreich.

Ja, die lieben Behörden ...

Obwohl dies im wahrsten Sinne des Wortes ein »eigenes Kapitel« ist, möchte ich einen kurzen Vorgriff wagen, weil es einerseits zum Thema passt und andererseits wohl eine der Hauptursachen für die Misere in diesem Land darstellt.

Aber wie fast immer, liegen die wahren Gründe noch etwas tiefer, denn das Dilemma beginnt damit, dass Österreich zu Zeiten der österreichisch-ungarischen Monarchie ein Weltreich sein eigen nannte. Nun, so ein richtiges Weltreich war es eigentlich nicht, dies wurde lediglich den Bürgern weisgemacht, um die eigene Hausmacht zu stärken. Der österreichische Kaiser Franz-Joseph hat zwar unbestritten viel für seine »Untertanen« getan, außenpolitisch war er aber eher eine Marionette, denn die wahre Macht in Europa lag damals vor allem in den Händen des preußischen Kaisers Wilhelm.

Franz-Joseph konnte einfach die Gunst der Stunde nutzen, da das damalige Europa – wohl auch unter dem Eindruck der zwei Türkenbelagerungen von Wien – große Angst vor einer Bedrohung durch das osmanische Reich hatte und daher eine starke österreichisch-ungarische Monarchie gerade recht kam, man hielt seine Expansionsbestrebungen für einen europäischen Sicherheitsfaktor und unterstützte diese sogar.

Dass all diese Aktionen mangelhaft vorbereitet waren und der österreichische Kaiser lieber die Zeit in seiner »Sommerfrische« (so nannte man ein Ferien-Domizil damals) in Bad Ischl verbrachte, statt sich um seine Staatsgeschäfte zu kümmern, merkte lange Zeit niemand. So ein »Operetten-Imperium« aus Überheblichkeit und fehlerhafter Selbsteinschätzung musste irgendwann wie ein Kartenhaus zusammenbrechen und genauso geschah es auch. Den genauen Ablauf des Niederganges (Thronfolger-Mord in Sarajevo, Erster Weltkrieg ...) möchte ich hier nicht näher erläutern, das würde zu weit führen.

Tatsache ist jedenfalls, dass es die Österreicher bis heute nicht verkraftet haben, ein Imperium besessen und wieder verloren zu haben und nun keine Großmacht mehr zu sein.

Man wird ja auch – besonders in Wien – auf Schritt und Tritt an die ehemals glanzvolle Zeit erinnert, die Prachtbauten und Paläste der Wiener Ringstraße spiegeln die versunkene Macht vergangener Tage wieder, gleiches gilt für das Schloss Schönbrunn und andere Prestigebauten, die mit der jetzigen Dimension des »Zwergstaates Österreich« so gar nicht zusammenpassen wollen. Andererseits kann man wieder von diesem historischen Erbe ganz gut leben, die Einnahmen aus dem Fremdenverkehr sichern ein auskömmliches und bequemes Dasein.

Diese »Denkmalpflege« hat allerdings auch zur Folge, dass es in Österreich wenig Modernes gibt, wie man z.B. in der Architektur deutlich sehen kann. Man hat in diesem Bereich jeden erdenklichen Ehrgeiz daran gesetzt, alles wie zu Maria-Theresias Zeiten zu restaurieren und zwar so originalgetreu wie möglich, was zur Folge hatte, dass ganz Wien zu einer Art »Museum« wurde. Was den Vorteil hat, dass man sich in einem »denkmalgeschützten Bereich« bewegt, in Erinnerungen schwelgen kann und sich somit nicht den Anforderungen der Realität stellen muss. Allerdings ist dies mit der modernen Mediengesellschaft nicht in Einklang zu bringen, denn diese erfordert zwangsläufig eine Auseinandersetzung mit dem aktuellen Geschehen.

Wie reagiert der Österreicher nun darauf? Er flüchtet, und zwar in eine Realität, die er sich selbst zurechtgezimmert hat, was sich unter anderem dadurch äußert, dass Österreicher stets etwas beleidigt reagieren, wenn sie auf ihre – doch eher bescheidene – Rolle innerhalb Europas angesprochen werden.

Ganz besonders leiden jedoch die Beamten darunter, dass ihre Macht so krass beschnitten wurde. Ja, unter Metternich, da waren sie noch jemand.

Metternich, wer war denn das eigentlich?

Wir schlagen im Lexikon nach: »Klemens Wenzel Nepomuk Lothar Graf von Metternich-Winneburg (1773-1859) war ein Staatsmann im Kaisertum Österreich.«

Was ist nun so Besonderes an diesem Metternich, einmal abgesehen von der Tatsache, dass er Vorsitzender des Wiener Kongresses und österreichischer Staatskanzler – eine Art »Bundeskanzler mit Sonderbefugnissen« – war und vor allem: Was hat dies mit der österreichischen Beamtenseele und den heutigen Zuständen in diesem Land zu tun?

Nun, besagter Metternich war erwiesenermaßen kein Freund von Demokratie und freier Meinungsäußerung. Nicht nur, dass unter ihm diktaturähnliche Zustände herrschten (strenge Zensur, Versammlungsverbot etc. ...), hatte er auch eine Art »Zwei-Klassensystem« errichtet, dessen

Auswirkungen wir in verfeinerter, subtiler Weise bis in die heutige Zeit zu spüren bekommen.

Die eine Klasse, das war die so genannte »Obrigkeit« und damit sind im Prinzip die Behörden gemeint, deren Macht praktisch unbeschränkt war, dem »Geheiß« eines Beamten war unbedingt Folge zu leisten. Die andere Klasse stellten die Untertanen dar, also die einfachen Bürger, welche seitens der Obrigkeit auch gerne als »Subjekte« (englisch: subjects = Diener, Untertanen) oder noch schlimmer, als »Bittsteller« bezeichnet wurden.

Diese Zweiteilung hat sich in etwas abgeschwächter Form bis heute erhalten und als direkter »Rechtsnachfolger« der ehemals kaiserlichen Residenzstadt Wien ist der ostösterreichische Bereich diesbezüglich besonders »kontaminiert.«

Einem Bekannten von mir wurde beispielsweise anläßlich seines Widerspruchs gegen einen Zahlungsbefehl wie folgt mitgeteilt: »Wenn Ihnen eine Österreichische Behörde einen Strafbetrag vorschreibt, dann haben Sie diesen zu bezahlen, egal ob Sie meinen, das Delikt begangen zu haben oder nicht. Mit solchen Schpompanadln* wie Widerspruch und so weiter fangen wir gar nicht erst an.«

*Aus dem Wienerischen: »Schpompanadln« = Extratour, Sonderbehandlung, widerborstiges Verhalten.

Auch wenn sich der geschilderte Vorfall in den 1960-er Jahren zugetragen hat und sich seither – so hoffe ich – einiges geändert hat, ein beklemmendes Gefühl beschleicht einen doch. Ein Beamter hat als Vertreter der »Obrigkeit« einfach immer recht und er weiß diese Macht auch durchzusetzen, wobei dieser Begriff sogar noch erweitert wurde, denn heute werden nicht nur Beamte, sondern auch Ärzte, Anwälte und sogar Funktionäre als »Obrigkeit« wahrgenommen, was deren faktische Unantastbarkeit bedeutet. »Aber wieso?«, werden Sie jetzt fragen, es gibt doch sicher auch in Österreich Gesetze, an die sich jeder halten muss, und im Notfall kann man doch einfach zu Gericht gehen und klagen oder etwa nicht?

Ja sicher, theoretisch ist das schon richtig, theoretisch ist da was dran. Wie gesagt: theoretisch.

In der Praxis hat ein Amtsorgan zahlreiche Möglichkeiten dem Bürger, also dem »Bittsteller«, seine Überlegenheit zu demonstrieren.

Ein beliebtes Mittel (geht übrigens ebenfalls auf Metternich zurück) ist in so einer Situation das Heben der Stimme seitens des Beamten.

Dies funktioniert wie folgt: Beim Eintreten des Bittstellers füllt der Beamte sein »Amtsorgan« bis zum Maximalvolumen mit Luft und brüllt los, was das Zeug hält.

Was er (der Bittsteller) hier zu suchen hätte und wie er (der Beamte) dazu käme, »wegen so einem Sch...« seine kostbare Zeit zu verschwenden, wo er doch so viel Wichtigeres zu tun hätte und so weiter. Hierbei kommt ein simpler psychologischer Trick zur Anwendung, demzufolge jemand der wütend ist oder die Wut überzeugend spielen kann, einem Gegner von vornherein überlegen ist. Und rechtlich kann man dem Beamten nichts anhaben, denn Schreien ist nach österreichischem Recht nicht verboten.

Diese Demonstration der Macht wird durch die Inneneinrichtung der Amtsstube noch verstärkt. Der Beamte sitzt auf einem samtenen Stuhl vor einem prunkvollen Schreibtisch aus Mahagoni, hinter ihm das Bild des österreichischen Bundespräsidenten, während dem Bittsteller ein alter, klappriger Stuhl zugewiesen wird, auf dem er sich noch kleiner vorkommt, als er ohnehin schon ist. Sollte nun dieses offen zur Schau getragene Machtgefälle wider Erwarten noch immer nichts nützen und es der Bittsteller am Ende gar wagen, sich bei der Amtsleitung zu beschweren, so wird man seine Beschwerde höflich lächelnd entgegennehmen, nützen wird es absolut nichts, im Gegenteil, das Ersuchen des Bürgers, weswegen er am Amt erschienen ist, wird mit großer Wahrscheinlichkeit abgelehnt werden.

Da der »gelernte Österreicher« dieses Ritual von Demütigung und »gebrochen werden« von klein auf gewohnt ist, ist es auch schwierig, ihm zu erklären, was Begriffe wie »Menschenwürde« oder »Ehre« eigentlich bedeuten. Er wird folglich mit absolutem Unverständnis reagieren, wenn jemand von ihm für eine absichtliche oder unabsichtliche Beleidigung eine Entschuldigung fordert, weil er den Begriff »Ehre« überhaupt nicht kennt und daher auch nicht versteht, was an seinem Verhalten falsch gewesen sein soll.

Um dies etwas zu illustrieren, möchte ich eine Begebenheit erzählen, welche einem befreundeten Ehepaar – sie sind »Österreicher durch und durch« – vor ein paar Jahren in ihrem Urlaub am Mittelmeer widerfahren ist.

Es handelt sich um einen Lapsus, der zwar eines gewissen Comedy-Faktors nicht entbehrt, aber theoretisch wohl jedem von uns passieren könnte.

Meine Bekannten befanden sich auf dem Rückweg vom Strand und nahmen den Hotelaufzug, der sie zu ihrem Zimmer bringen sollte. Allerdings wurde der Aufzug eine Etage tiefer aufgehalten – was das Paar jedoch nicht bemerkte. Sie stiegen somit ein Stockwerk zu früh aus und machten sich auf den Weg zum Hotelzimmer, als sie beobachteten, wie ein Mann sich an der Tür ihres vermeintlichen Appartements zu schaffen machte.

Der Mann war, wie sich herausstellen sollte, ein Hotelgast aus England, der nichts anderes im Sinn hatte, als sein Hotelzimmer zu betreten. Dies konnten meine Bekannten natürlich nicht wissen, sie wähnten sich ja in der richtigen Etage und meinten somit, einen Einbrecher vor sich zu haben.

Der Gatte, von Natur aus eher cholerisch veranlagt aber durchaus von mutigem Wesen, schrie den vermeintlichen Einbrecher an, was dies solle, er werde die Polizei holen und dergleichen Dinge mehr. Seine Gattin mischte sich ebenfalls ein, es gab einen riesigen »Rabatz« und es werden wohl auch einige Schimpfwörter gefallen sein, bis sich alles schließlich als ein Missverständnis herausstellte.

Das Ehepaar versuchte sogleich, die Angelegenheit mit Gelächter und schnellem Themenwechsel zu überspielen – so reagieren Österreicher immer, wenn ihnen etwas peinlich ist – und beide waren sehr verblüfft, als sie am nächsten Tag einen Brief des Engländers vorfanden. Er ersuchte darin in höflichen Worten um eine Entschuldigung für die ihm zugefügten Unannehmlichkeiten und Beleidigungen. Meine Bekannten reagierten darauf mit Verständnislosigkeit und Empörung: »Was soll das ... wer glaubt er, dass er ist ... es hat sich doch eh alles aufgeklärt ... der soll sich nicht aufführen wie eine beleidigte Leberwurst ...«

Nun, der geneigte Leser weiß mittlerweile Bescheid. Ehre und menschliche Würde sind für einen Österreicher fremde Begriffe, da er seitens der »Obrigkeit« von frühester Kindheit an (auch der Klassenlehrer zählt dazu) gebrochen und gezielt traumatisiert wurde.

Irgendwie drängt sich hier der Vergleich mit der Abrichtung von Arbeitselefanten auf. Die werden in einen engen Bambuskäfig gesperrt, bekommen wochenlang kaum Nahrung, werden geschlagen und mit Elektroschocks »behandelt«, bis sie sich schließlich, an Körper und Geist vollkommen gebrochen, für immer dem Menschen unterwerfen. Dadurch werden aus den stolzen Kolossen willfährige Arbeitstiere gemacht.

Ähnliches macht man in Österreich mit jedem Bürger von Kindesbeinen an, was wohl auch erklärt, warum es hierzulande in Geschäften oder öffentlichen Gebäuden kaum jemals Security – also einen Sicherheitsdienst – gibt. Man braucht einfach keinen, da es in Österreich eben nicht üblich ist, offen aufzubegehren, man erwartet von jedem, dass er sich in sein Schicksal fügt.

Die Grundlage für oben Geschildertes ist sicher auch, dass Österreich zu jenen Ländern mit großer Machtdistanz zu zählen ist. Hierbei handelt es sich um eine Sozialtheorie, welche – vereinfacht dargestellt – wie folgt lautet: In Ländern, die aufgrund ihrer Kulturdimension kleine Machtdistanzen haben, gibt es nur geringe Statusunterschiede, diese werden vorwiegend durch Leistung bestimmt und gerechtfertigt. Zum Beispiel genießt ein Starchirurg, der schon viele schwierige Operationen erfolgreich durchgeführt hat, auch ein entsprechend hohes gesellschaftliches Prestige.

Verantwortung wird in diesen Ländern problemlos delegiert, es zählt generell die Sachebene, persönliche Beziehungen und formelle Rituale sind weniger wichtig. »Substance above form« lautet der Leitsatz in diesen Ländern, als Beispiele können die skandinavischen Staaten, die USA und – überwiegend – auch Deutschland und Großbritannien angeführt werden.

Demgegenüber sind in Ländern mit großer Machtdistanz die Standesunterschiede enorm und scheinbar naturgegeben.

Menschen werden der Situation entsprechend beurteilt, Sachinhalte und gesetzliche Vorgaben sind sekundär, persönliche Beziehungen und Titel sind sehr wichtig. Beispiele hierfür sind der gesamte asiatische Raum, aber auch die arabischen Staaten.

Und eben Österreich, nur ist die Besonderheit eben die, dass all dies hierzulande mit einem (manchmal boshaften) Lächeln, unter einer charmanten Fassade vorgetragen wird. Obiges Beispiel eines cholerischen Beamten gilt mehr für die rangniedrigeren unter ihnen, die »Referenten-Liga« sozusagen, die »höheren« Beamten verfügen über andere Möglichkeiten. Aber auch hier hängt immer sehr viel von Wohlwollen und Einvernehmen ab.

»Es ist alles ein Geben und ein Nehmen«, wird in solchen Fällen süffisant lächelnd gesagt, oft werden derartige Spielregeln auch als »Österreichische Lösung« bezeichnet und man versäumt nicht, bei der Gelegenheit darauf hinzuweisen, wie charmant dieses Land doch ist.

Natürlich kann dies auch von Vorteil sein, nämlich dann, wenn man sich aus irgendeinem Grund das Wohlwollen der Obrigkeit gesichert hat und auch bereit ist, die Spielregeln zu akzeptieren.

Da geht dann auf einmal alles, egal was in irgendeinem Gesetz steht. »Wenn Sie diese drei Bilder hier lassen, dürfen Sie die anderen ausführen«, ist ein typisches Beispiel eines solchen an Erpressung grenzenden »Kuhhandels.«

Wie es einmal ein Beamter zynisch formulierte: »kleine Erpressungen erhalten die Freundschaft.«

Ein weiteres »Spielchen«, welches sich in Österreich großer Beliebtheit erfreut, besteht darin, dass man eine Vorgehensweise, die man jahrelang stillschweigend akzeptiert hat, auf einmal dem Betreffenden zum Vorwurf macht und ihn dadurch abzuschießen versucht, weil er sich eben aus irgendeinem Grund »unbeliebt« gemacht hat. Durch das jahrelange »Pardonnieren« seiner Aktivitäten, hat man genug Informationen gesammelt, die man bei Bedarf gegen ihn verwenden kann, man muss dann nur so tun, als hätte man von alldem nie etwas mitbekommen.

Mit solchen und ähnlichen »krummen Touren« kann man sich eben auch Vorteile verschaffen, und deshalb akzeptieren viele Österreicher diese Schacherei auch.

Das Problem, welches ich hierbei jedoch sehe, ist, das ich: Einen Vertrag kalkulieren und berechnen kann, das Wohlwollen meines Gegenüber hingegen kaum. Bei einem Vertrag kann ich einen Rechtsanwalt engagieren und den Kontrakt so abfassen, dass dieser rechtsgültig und damit im Falle des Falles auch einklagbar ist. Aber das persönliche Einvernehmen? Wie soll ich das berechnen? Wovon hängt es ab? Wie der Beamte aufgelegt ist, wie sympathisch ich ihm bin? Oder wovon?

Natürlich gibt es auch hierbei gewisse Erfahrungswerte und man kommt bald dahinter, wie man sich in bestimmten Situationen am besten verhält, um zu erreichen was man will und welche Verhaltensweisen besser unterlassen werden sollten.

Unerläßlich ist beispielsweise die Beachtung eines entsprechenden Dress-Codes. »Kleider machen Leute«, wie man so sagt.

Weiters ist es immens wichtig, sich immer und überall höflich zu bedanken – egal, ob man erreicht hat was man wollte, oder nicht.

»Es tut uns leid, aber wir können Ihrem Ersuchen leider nicht entsprechen.«

»Danke, vielen Dank!«

Klingt irgendwie seltsam, wird aber von einem erwartet.

Die Wiener Energieversorgungsbetriebe hätten vor einiger Zeit eine Werbekampagne gestartet, in welcher die Wienerinnen und Wiener aufgefordert wurden, den »selbstlosen Mitarbeitern der Stadtwerke«

dafür zu danken, dass diese die Stromversorgung der Stadt – anscheinend aus reiner Menschenliebe – Tag und Nacht aufrecht erhalten, denn sonst »wäre das Bier warm und der Braten kalt«, wie es in dieser Kampagne wörtlich hieß.

Dabei verrichten die Mitarbeiter der Stadtwerke doch nur ihren Job, wie jeder andere auch und bekommen natürlich auch dafür bezahlt – noch dazu aus Steuergeldern. Vielleicht sollten wir aber auch nur dafür dankbar sein, dass uns nicht – wie in manchen Entwicklungsländern – stundenweise der Strom abgedreht wird.

Oh, du glückliches Österreich ...

Eine relativ sichere Methode um für den Fall der Fälle vorzusorgen besteht nun darin, sich ein Netzwerk von Kontakten und »Beziehungen« aufzubauen, damit man im Idealfall für jede Angelegenheit »seinen« Referenten hat, der das Anliegen dann positiv und wohlwollend erledigt. Dies hat über Jahrzehnte hinweg zu einem derartigen Ausufern von Protektion und »Freunderl-Wirtschaft« geführt, dass heute in Österreich ohne Beziehungen fast gar nichts mehr geht. So ist es nahezu unmöglich, einen seriösen Job zu bekommen, ohne an der richtigen Stelle jemanden zu kennen, der für einen interveniert.

Bei all dem muss der Schein nach außen natürlich unter allen Umständen gewahrt bleiben.

In der Arbeitswelt gibt es zahlreiche Beispiele hierfür.

Ein Mitarbeiter, welcher nicht entsprochen oder es am Ende gewagt haben sollte, seinen Vorgesetzten zu kritisieren (was hierzulande einem Verbrechen gleichkommt), erhält bei seinem Ausscheiden trotzdem ein tadelloses Dienstzeugnis, da offiziell das gute Einvernehmen unter allen Umständen gewahrt bleiben muss. Dies ist auch im Gesetz verankert, denn in Dienstzeugnissen darf nach österreichischem Recht nichts enthalten sein, was dem Arbeitnehmer sein weiteres berufliches Fortkommen erschweren könnte. Daher hat sich in diesem Bereich eine Art »Geheimsprache« entwickelt, da es ja der eigentliche Sinn eines Arbeitszeugnisses ist, mitzuteilen, ob man mit dem Mitarbeiter zufrieden war oder eben nicht.

Ich habe mir nun erlaubt, nachstehend ein paar Beispiele von Ausdrucksweisen anzuführen, welche allesamt versteckte Codes enthalten.

Formulierung:
»Frau Hofer hat alle ihr übertragenen Aufgaben zu unserer vollsten Zufriedenheit erledigt.«

Bedeutung:
Sehr gut
(Eine tadellose Kraft.)

Formulierung:
»... hat alle ihr übertragenen Aufgaben zu unserer vollen Zufriedenheit erledigt.«

Bedeutung:
Gut
(Ging so. Hätte aber besser sein können.)

Formulierung:
»... hat alle ihr übertragenen Aufgaben zu unserer Zufriedenheit erledigt.«

Bedeutung:
Befriedigend
(Eigentlich sind wir froh, dass wir sie los sind)

Formulierung:
»... hat alle ihr übertragenen Aufgaben erledigt.«

Bedeutung:
Genügend
(Eine Katastrophe. Sie konnte nie etwas richtig machen.)

Formulierung:
»... hat sich bemüht, alle ihr übertragenen Aufgaben zu erledigen.«
Bedeutung:

Nicht genügend.

(Warnung! – Diese Person ist das Schlimmste, was einer Firma passieren kann!)

Daneben gibt es noch Beschreibungen wie etwa:

»Frau Mayer war eine sehr kommunikative Persönlichkeit.«
Sie hat nur getratscht, anstatt zu arbeiten.

»Herr Kohl hat sich besonders um die Rechte der Arbeitnehmer verdient gemacht.«
Er ist sich wegen jeder Lappalie beschweren gegangen.

Und so weiter. Vor allem letzte Formulierung wurde bereits erfolgreich vor Gericht angefochten – der Arbeitgeber musste das Dienstzeugnis ändern. Allerdings versuchen Unternehmen trotzdem mitunter, Derartiges in einem Zeugnis unterzubringen, da nicht jeder Arbeitnehmer wegen eines Zeugnisses gleich vor Gericht geht.

Aber auch verbal gibt es derart subtile Hinweise:
»Herr Huber hat noch Schulungsbedarf.«
Er ist ein Trottel.

»Er hat sich bemüht/hat sich viel Mühe gegeben.«
Er hat nichts fertig gebracht, kann nicht selbstständig arbeiten.

Aber am schlimmsten:
»Herr Mayer benötigt offensichtlich eine andere Art der Einschulung.«
Ein totaler Vollidiot, absolut zu nichts zu gebrauchen.

Die Liste derartiger Beispiele ließe sich wohl endlos fortsetzen.

Der Grund für dieses permanente Umgehen direkter Aussagen bis hin zur Konfliktvermeidung und die dadurch zwangsläufig entstehende Hinterhältigkeit (irgendwie muss man den anderen ja kleinkriegen) ist wohl vor allem darin zu sehen, dass Österreich ein relativ kleines Land ist. Dadurch besteht ein gewisses Risiko, dass man denjenigen, mit dem man »über Kreuz ist« irgendwann wieder trifft, im schlimmsten Fall ist er irgendwann mein Vorgesetzter und was dann? Da kehrt man die Dinge lieber unter den Teppich und intrigiert, was das Zeug hält, denn dann ist offiziell nichts passiert und es kann einem daher auch in weiterer Zukunft kein Nachteil daraus erwachsen.

Denn erst, was offen ausgesprochen wird, wird auch zur Realität erhoben.

Aus eben Gesagtem ergibt sich somit eine wichtige Regel im Umgang mit den Bewohnern der Alpenrepublik:

Sagen Sie NIEMALS, unter keinen Umständen, einem Österreicher etwas direkt ins Gesicht (schon gar nicht die Wahrheit) – er nimmt dies mit Sicherheit persönlich, ist schwer beleidigt und wird nichts mehr mit Ihnen sprechen. Verpacken Sie statt dessen die Botschaft »zwischen den Zeilen«, sodass ihr Gegenüber sie annehmen kann und sich nicht persönlich angegriffen fühlt.

Diese Vorgehensweise empfiehlt sich auch dann, wenn die zu übermittelnde Botschaft durchaus positiver Natur ist.

Wenn Sie etwa beabsichtigen, eine bestimmte Person für ein Projekt zu engagieren, so sollten Sie dieses Angebot niemals direkt unterbreiten, sondern gegenüber dem Betreffenden etwa wie folgt formulieren: »Kennen Sie vielleicht jemanden, der Ihrer Meinung nach für dieses Projekt in Frage kommt?«

Somit weiß Ihr Gegenüber Bescheid und wird Ihnen seine Antwort – natürlich ebenfalls chiffriert – übermitteln.

Es ist ein etwas mühseliges und zeitraubendes Spielchen, welches obendrein das Risiko in sich birgt, durch dieses Taktieren erst recht Missverständnisse hervorzurufen – aber mit Österreichern geht es nicht anders, sie sind einfach so.

Es stellt sich nun in diesem Zusammenhang die Frage, wie es eigentlich um die Psychohygiene der Alpenrepublikaner bestellt ist, denn man wäre ja geneigt, anzunehmen, dass unter diesen Umständen die Psychiater in Österreich Hochkonjunktur haben.

Nun, die Menschen hierzulande haben eine andere Möglichkeit der Frustrationsbewältigung für sich entdeckt. Denn dieses Vermeiden offener Stellungnahmen hat gemeinsam mit dem Umstand, dass es grundsätzlich als unhöflich gilt, jemanden, selbst bei erdrückender Beweislage, eines Vergehens zu bezichtigen, ein interessantes Ventil geschaffen: das Kabarett.

In der Nachkriegszeit ursprünglich als Trost- und Unterhaltungsmedium gedacht, entwickelte sich das österreichische Kabarett unter Größen wie Farkas, Qualtinger, Wehle und Bronner zu einem echten »Ventil« für die unterdrückte Volksseele.

Zahlreiche Missstände wurden aufgegriffen und in satirisch-humorvoller Weise angeprangert. Es gab Bühnen, welche es sich aufgrund ihres Bekanntheitsgrades leisten konnten, die Dinge direkt anzusprechen und andere, weniger bekannte Kabarettisten, die eine wesentlich subtilere Vorgehensweise wählen mussten.

Aber alles in allem verfehlte das Kabarett seine Wirkung selten, denn was dort präsentiert wurde, konnten selbst die Behörden nicht mehr ignorieren. Und unbequeme Bühnen einfach zusperren – wie es in einer »richtigen« Diktatur wohl geschehen wäre – ging auch nicht, das hätte zu viel »Staub aufgewirbelt.«

A propos »Ignorieren.«
Dies ist ebenfalls ein beliebtes »Gesellschaftsspiel« in Österreich.

Es besteht darin, sich über Dinge, die einen nicht in den Kram passen, einfach hinwegzusetzen, frei nach dem Motto »Stell' dir vor, es gibt Krieg und keiner geht hin.«

Im Gegensatz zur Strategie des Verdrängens – wo der gegenständliche Umstand durch einen entsprechenden mentalen Kraftakt aus der eigenen Bewusstseins-Ebene gedrängt wird – ist das Ignorieren allerdings rein taktischer Natur und die betreffende Angelegenheit ist im Bewusstsein sehr wohl vorhanden.

»Ich wünsche, an der Besprechung nächsten Dienstag nicht teilzunehmen.«
»Vielen Dank für Ihre Wortmeldung, wir sehen einander dann am Dienstag bei der Besprechung.« Es wird zu Recht angenommen, dass der Betreffende irgendwann die Sinnlosigkeit seines Unterfangens einsieht und seinen Widerstand aufgibt.

Aber kehren wir zurück zu unserem Bittsteller, der eingangs in dieser Amtsstube von dem zuständigen Referenten so fürchterlich zur Schnecke gemacht worden war, und fragen wir doch einmal nach, was der Bürger eigentlich auf diesem Amt wollte, was der Grund für seine Vorsprache war.

Nun, mit ziemlicher Sicherheit wollte er einen Antrag stellen.

Dies ist eine der Grundlagen des österreichischen Staatswesens:
Für alles, einen Antrag stellen zu müssen – was natürlich für den Antragsteller überdies mit saftigen Kosten verbunden ist.

Okay, werden Sie jetzt einwenden, das ist eben die Bürokratie, die gibt es woanders auch und außerdem kann man die vielen Beamten doch nicht untätig herumsitzen lassen, die muss man doch irgendwie beschäftigen?

Das ist schon richtig, dies stellt aber nur eine Seite der Angelegenheit dar. Natürlich geht es auch um Bürokratie und darum, dass durch eine entsprechende Anzahl von Formulardurchläufen jede Menge Arbeitsplätze für Beamte geschaffen werden können.

Es gibt aber noch einen anderen, hochinteressanten Grund für die zahlreichen Anträge. Dahinter steckt nämlich ein System und zwar eines der raffinierten Art.

Sehen wir uns doch einmal an, worum es bei den meisten Anträgen und »Begehren« geht. Abgesehen von ein paar wohl oder übel notwendigen behördlichen Genehmigungsverfahren und der Ausstellung von Zeugnissen und Befähigungsnachweisen – für den Bürger stets mit der Entrichtung einer saftigen Gebühr verbunden – handelt es sich stets um »das Eine.«

Subventionen, Beihilfen, Fördergelder. Mit einem Wort: um Geld, welches der Antragsteller vom Staat in irgendeiner Form erstattet haben möchte.

Das System, welches dahinter steht, ist wahrhaftig genial und funktioniert wie folgt: Geld wird von den Steuerzahlern geschröpft und nach Abzug immenser Verwaltungskosten in Form von Subventionen und Beihilfen wieder ausbezahlt.

Dadurch finanziert das System sich selbst und mischt über die Subventionen in allen Bereichen mit. Die Devise lautet somit:

»Nichts geht ohne den Staat.«

Diese Vorgehensweise hat aus Sicht der Behörde noch einen weiteren Vorteil, denn dadurch, dass die Vergabe von Subventionen praktisch immer an bestimmte Auflagen und Bedingungen geknüpft ist, erhält die Behörde Macht über den Bürger und kann ihn durch diesen »Hebel« mehr oder weniger nach Belieben steuern.

Der Bürger ist als Steuerzahler daher Mittel zum Zweck und der österreichische Staat wird als Moloch entlarvt, nur daran interessiert, sich selbst zu erhalten.

Wie heißt es: Der Prophet gilt nichts im eigenen Land. Steuern darf er aber zahlen. Allerdings sollte nun einer tatsächlich auswandern und im Ausland Karriere machen, dann schwenkt diese Verachtung in Euphorie um, dann ist er plötzlich »der große Sohn der Heimat« und mit seinem Namen wird fleißig Werbung gemacht. Wehe allerdings, wenn es ihm einfallen sollte, etwa doch irgendwann nach Österreich zurückzukehren, in dem Fall ist es sofort vorbei mit Glanz und Glorie, dann wird er oder sie blitzschnell wieder zum »Untertanen« wie alle anderen auch.

Die im Ausland angeeigneten positiven Eigenschaften sowie entsprechende charakterliche Fähigkeiten (etwa sein gestiegenes Selbstvertrauen) wird der Betreffende sehr schnell vergessen (müssen), er wird sich automatisch wieder jene Mittelmäßigkeit aneignen, die man hierzulande braucht, um überleben zu können.

Zweites Kapitel

Die Wirtschaft in Österreich – und andere Kuriosa

Besser Fremdenverkehr als gar keiner – ohne Industrie geht's nie – Gas geben wörtlich genommen – warum Konzerne nicht erwünscht sind – Statistiken: was nicht passt, wird passend gemacht – eine »österreichische Lösung« – Volkssport Versicherungsbetrug – das Land der »Extrawürste« – Fairness im Sport – der Komplex gegenüber den Deutschen – wenn die Pleite langsam naht, rufst du einfach nach dem Staat – Budget bitte verbrauchen.

Nun wollen wir uns etwas mit der österreichischen Wirtschaftslage beschäftigen.

Dass Österreich primär vom Fremdenverkehr lebt, ist wohl allgemein bekannt. Aufgrund der zahlreichen Gebirgslandschaften boomt in erster Linie der Wintertourismus, allerdings hat sich aufgrund der zahlreichen kleineren Seen und Waldgebiete auch ein relativ stabiler Ganzjahrestourismus entwickelt.

Hier nun ein kurzer Überblick über die wichtigsten wirtschaftlichen Eckdaten Österreichs:

	2007	2008	2009	2010
BIP, nominell	5,3	4,1	1,2	2,2
BIP, real	3,1	1,8	-0,5	0,9
Private Konsumausgaben, real	1,0	1,0	1,0	1,0
Bruttoanlageinvestitionen, real	4,7	1,9	-3,8	0,3
Warenexporte, real	8,7	3,6	0,5	1,5
Warenimporte, real	8,0	2,4	0,3	1,3
Unselbständig aktiv Beschäftigte	2,1	2,4	0,4	0,2
Arbeitslosenrate in % (Eurostat Definition)	4,4	3,5	3,9	4,1
Inflation in %	2,2	3,2	1,2	1,5
Leistungsbilanzsaldo in % des BIP	3,2	3,1	2,6	2,4
Budgetsaldo in % des BIP (lt. Maastricht)	-0,4	-0,7	-	-
- Schuldenquote in % des BIP	59,5	58,0	-	-
- Stundenproduktivität	3,2	1,9	0,2	3,3
Lohnstückkosten	0,8	3,3	3,2	1,5

Quelle: WIFO

Der Dienstleistungssektor ist somit der mit Abstand bedeutendste Wirtschaftszweig Österreichs, knapp 70 % aller österreichischen Arbeitnehmer verdienen ihr Einkommen in der Dienstleistungsbranche. Dazu kommt noch etwas Land- und Forstwirtschaft, die im internationalen Vergleich allerdings unbedeutend ist und außerdem – vor allem, was die Landwirtschaft betrifft – mit immensen Strukturproblemen zu kämpfen hat.

Und sonst? Wie sieht es mit einer Industrie aus?

Fehlanzeige!

Was da in Linz und Schwechat bei Wien an »Industrieanlagen« herumsteht, verdient diese Bezeichnung nicht wirklich und der früher bedeutende Fahrzeughersteller Steyr-Daimler-Puch wurde geradezu »filettiert« und die einzelnen Bereiche an ausländische Konzerne verkauft.

Lediglich die Anlage in Schwechat verdient eine nähere Betrachtung, wenn auch nicht ihrer Bedeutung als Energieversorger wegen. Es zeigt sich hier nämlich wieder die erstaunliche Fähigkeit der Österreicher, Gesetze und Bestimmungen bei Bedarf einfach zu ignorieren.

Kurz zu den Hintergründen: Die österreichische Mineralöl-Verwaltung betreibt in Schwechat eine Erdöl- und Erdgas-Förder- und Verarbeitungsanlage. Da die Förderung den Eigenbedarf des Landes bei Weitem nicht decken kann, muss Erdgas unter anderem aus Russland zugekauft werden. Diese Lieferverträge sehen jedoch eine bestimmte Mindestabnahmemenge vor, was zu der kuriosen Situation führt, dass auf einmal mehr Erdgas vorhanden ist, als eigentlich benötigt wird. Was macht man daher? Wir befinden uns in Österreich, daher ist die Lösung sehr einfach, denn obwohl relativ strenge Umweltgesetze bestehen, läßt man das überschüßige Erdgas einfach über Ablassventile entweichen und damit ist der Fall erledigt. Umweltschutz hin oder her, hier geht es um wirtschaftliche Interessen und das hat Vorrang. Was in irgendeinem Gesetz steht, ist egal.

Dass aufgrund der solcherart verpesteten Luft die Anzahl der Atemwegserkrankungen und Allergien unter den Anwohnern um ein Vielfaches über dem Durchschnitt liegt, fällt unter »alles« und um alles kann man sich bekanntlich nicht kümmern.

So einfach ist das in Österreich. Erinnert irgendwie an die Zustände in einem Dritte-Welt-Land.

Dazu kommt, dass eine echte Privatwirtschaft in Österreich auch gar nicht erwünscht zu sein scheint, vermutlich, weil man befürchtet, die Machtposition der »Obrigkeit« könnte dadurch beeinträchtigt werden. Es kommt daher nicht von ungefähr, dass Österreich über keinen einzigen wirklich multinationalen Konzern verfügt. Ein bekannter Energy-Drink-Hersteller – eines der wenigen österreichischen Unternehmen mit einigermaßen respektabler Betriebsgröße – hat die Lizenz für seine Geschäftätigkeit nur durch ein Versehen der österreichischen Behörde bekommen. Der zuständige Beamte, hatte nämlich die Frist verschlafen, innerhalb der er – weisungsgemäß – den Antrag auf Betriebsgenehmigung ablehnen hätte sollen. Seither ist nun dieser Konzern jene Ausnahme, welche die Regel bestätigt, dass in Österreich hauptsächlich Klein- und Mittelbetriebe erwünscht sind, da diese durch ihre erhöhte Abhängigkeit von Fördergeldern leicht willfährig gemacht werden können. Natürlich gibt es auch etliche ausländische Konzerne, die in Österreich Niederlassungen unterhalten, sie tun dies allerdings in der Regel weniger aus Gewinnabsicht, sondern mehr aus strategischen Interessen, um in dieser Region – auch im Hinblick auf den osteuropäischen Markt – präsent zu sein.

Somit stellen Klein- und Mittelbetriebe in Österreich mit über 98 % die absolute Mehrzeit in der Unternehmenslandschaft dar.

Die Infrastruktur in Österreich ist traditionell gut, Stromausfälle, wie sie in anderen Ländern mitunter vorkommen, kennt man in Österreich kaum und die Straßen sind ebenfalls weitgehend intakt, wenn auch im hochrangigen Straßennetz die Anzahl der verfügbaren Spuren meist das Verkehrsaufkommen kaum bewältigen kann. Da wartet man meist ab, bis der Verkehr total ins Stocken gerät, erst dann wird zumindest die Möglichkeit in Erwägung gezogen, die betreffende Autobahn um eine Spur zu erweitern.

Hinzu kommt, dass Österreich im Straßenbau das Problem hat, dass Fahrbahnreparaturen aufgrund der relativ strengen Winter meist nur in der warmen Jahreszeit (etwa von Mai bis September) durchgeführt werden können, was allerdings mit der Touristen-Hauptreisezeit zusammenfällt und somit jede Menge Staus verursacht.

Der öffentliche Verkehr ist in Österreich relativ gut ausgebaut, wenngleich die österreichische Bahn defizitär ist, was allerdings eher auf Missmanagement, mangelnde Auslastung und schlechte Logistik zurückzuführen ist.

Auch ist dieser relativ moderne Standard teuer erkauft. Der Personalaufwand bei der öffentlichen Hand ist hoch, hinzu kommen noch immense Verwaltungsausgaben.

Ein spezielles Thema ist jedoch die Arbeitslosigkeit.

Offiziell liegt die Arbeitslosenrate Österreichs etwa im EU-Durchschnitt.

Konkret: Zwischen 3,5 und 5 %

Wie gesagt: offiziell. Denn man kann sich natürlich auch hier die Dinge bei Bedarf etwas zurecht biegen. Ganz nach dem Motto:

»Was nicht passt, wird passend gemacht.« Zum Beispiel steckt man die Bezieher einer Arbeitslosenunterstützung einfach in Schulungen. Schulungsteilnehmer gelten nämlich nicht als arbeitslos, sondern als »in Ausbildung befindlich« und werden damit in der Arbeitslosen-Statistik nicht erfasst.

Aber nun zu einem anderen heiklen Thema: Die Staatsverschuldung. Darüber wird in Österreich generell nicht gerne gesprochen und das aus gutem Grund. Sie ist nämlich inzwischen so hoch, dass offizielle Stellen diese nicht mehr in absoluten Zahlen, sondern lieber in Prozent des Bruttoinlandsproduktes (BIP) angeben. Und sie steigt stetig. Betrug sie 1998 noch 111,6 Milliarden Euro, so ist sie inzwischen auf sagenhafte 147,4 Milliarden Euro angewachsen. Ein Ende dieser Entwicklung ist nicht in Sicht. Maßnahmen, um gegenzusteuern?

Fehlanzeige.

Solange noch irgendein Staat bereit ist, Österreich einen Kredit zu geben, ist die Welt ja in Ordnung. Wird schon nichts passieren. Angefangen hat dieses Leben auf Pump – oder wie man heute sagt: »defizit-spending« – unter dem charismatischen ehemaligen Bundeskanzler Bruno Kreisky. Dieser hatte während seiner Amtszeit folgenden Ausspruch getan: »100 Millionen Schilling* Schulden mehr verursachen mir weniger schlaflose Nächte, als ein einziger zusätzlicher Arbeitsloser.**.«

*Schilling = österreichische Währung vor der Einführung des Euro.

**Diese Aussage entspricht im Wesentlichen der Theorie des britischen Ökonomen John Maynard Keynes.

An den Folgen dieser Budgetpolitik leiden wir noch heute, auch wenn mittlerweile in Österreich auch besonnene Kräfte auf den Plan getreten sind, was die Hoffnung nährt, dass das Schlimmste doch abgewendet werden kann.

A propos »Bruno Kreisky.« Da gibt es eine interessante Begebenheit zu erzählen, welche hervorragend illustriert, wie locker in Österreich der Umgang mit Gesetzen gehandhabt wird.

Es geht um den berühmten Maler Oskar Kokoschka. Kokoschka wurde in Österreich (Pöchlarn bei Linz) geboren und hatte bereits in jungen Jahren mit seinen Bildern beachtliche Erfolge.

1938 musste Kokoschka vor den Nazis nach England flüchten, er nahm die britische Staatsbürgerschaft an, veranstaltete zahlreiche Ausstellungen und genoss als Künstler hohes Ansehen. 1975 gelang es Kreisky, Kokoschka zu überreden, wieder die österreichische Staatsbürgerschaft anzunehmen. Es gab nur noch ein kleines Problem, denn Kokoschka hatte in Österreich keinen Wohnsitz, er war nirgends gemeldet. Und eine gültige Meldeadresse ist nach österreichischem Recht zur Verleihung der Staatsbürgerschaft zwingend erforderlich. Was tat Bruno Kreisky also? Er meldete Kokoschka einfach bei sich in seiner Villa an, dadurch erhielt Kokoschka einen »Meldezettel« (so heißt die

Meldebescheinigung in Österreich) und somit war alles in bester Ordnung. Seitens der Behörden fand niemand etwas Ungewöhnliches daran, dass jemand in der Dienstvilla des österreichischen Bundeskanzlers Quartier nimmt.

Aber jetzt kommt das eigentlich Schockierende an der ganzen Angelegenheit. Kreisky fand nichts dabei, dies später bei jeder passenden Gelegenheit als Anekdote öffentlich zum Besten zu geben. Ohne, dass dies für ihn jemals irgendwelche Konsequenzen gehabt hätte.

An dieser kleinen Geschichte kann man deutlich erkennen, wie selbstverständlich in Österreich das Ignorieren von Gesetzen und Verordnungen ist.

Dieser lockere Umgang mit gesetzlichen Bestimmungen zeigt auch auf anderen Gebieten seine Auswirkungen, zum Beispiel beim Versicherungsbetrug. Dieses Delikt wird hierzulande von vielen Menschen geradezu als »Volkssport« angesehen, da die Hemmschwelle, sich einen finanziellen Vorteil durch Vorlage einer unkorrekten Schadensmeldung bei Versicherungsgesellschaften zu verschaffen, denkbar gering ist. Geringer, als in vergleichbaren Staaten der EU und man fragt sich, was wohl der Grund dafür ist. Ist die kriminelle Energie der Österreicher etwa höher als jene anderer Europäer, sind Österreicher am Ende gar schlechtere Menschen als andere? Wohl kaum, es ist vielmehr so, dass es hierzulande als legitim angesehen wird, sich auf diese Weise etwas »zurück zu holen.« Denn Versicherungen haben in der Bevölkerung das Image von »Abzockern.« und daran sind sie selbst nicht ganz unschuldig. Die Versicherungen beschäftigen eigens Juristen, die im Prinzip nichts anderes tun, als im Schadensfall einen Grund zu suchen, damit die Versicherung von der Leistung befreit ist. Derartige Begründungen sind dann oft dermaßen fadenscheinig, dass man hier wirklich »böswillige Absicht« vermuten könnte, was wohl nicht dem Sinn einer geschäftlichen Partnerschaft – was ein Versicherungsverhältnis ja eigentlich sein sollte – entspricht. Dies weckt nun das Bedürfnis, die eigene Versicherung einmal so richtig zu »schnalzen.«

Darüber hinaus begehen die Versicherungen noch einen weiteren Riesenfehler, denn statt auch bei kleineren und mittleren Schadensfällen Nachforschungen anzustellen und – gegebenenfalls unter Einsatz eines Detektivs – die Wahrheit ans Licht zu bringen oder bei entsprechender Verdachtslage zumindest polizeiliche Anzeige zu erstatten, gehen die Versicherungen bei kleineren Beträgen meist den Weg des geringsten Widerstandes.

Sie bezahlen den vermeintlichen Schaden und erhöhen einfach die Prämien. Und zwar nicht nur jene des Schadenmelders, sondern generell alle, um die leichtfertig ausbezahlten Schadensummen auf diesem Wege wieder herein zu bekommen.

Derart willkürlich erhöhte Prämien lassen nun die Hemmschwelle der Versicherungsnehmer – auch jener, welche ursprünglich ehrlich waren – hinsichtlich betrügerischer Handlungen sinken, worauf die Versicherungen mit weiteren Prämienerhöhungen reagieren. Ein wahrer »circulus vitiosus.«

Natürlich würden aus kaufmännischer Sicht bei kleineren Schäden die Nachforschungen mehr kosten, als die Schadensumme ausmacht, aber Betrug bleibt nun einmal Betrug. Auch wäre die abschreckende Wirkung solcher Nachforschungen sehr wichtig, da auf diese Weise signalisiert wird, dass man betrügerische Handlungen schon im Interesse aller ehrlichen Kunden nicht zu tolerieren bereit ist. Man sieht also, hier liegt einiges im Argen.

Was daran charmant oder gar »gemütlich« sein soll, frage ich mich wirklich.

Interessant ist auch, dass diese »Österreichischen Zustände« international ständig toleriert und Österreich Sonderregelungen in den verschiedensten Bereichen zugestanden werden. Damit meine ich nun nicht die Regelung des Transitverkehrs über den Brenner – dieses Ansinnen mag seitens Österreichs ja legitim sein. Aber Österreich beansprucht ständig Privilegien und Sonderbehandlungen und pocht mit einer an Unverschämtheit grenzenden Selbstverständlichkeit darauf. Etwa im Finanzbereich, wo außer Österreich in Europa im Prinzip kein Land (nicht einmal die Schweiz) ein derartiges »Bankgeheimnis«

hat und der Alpenrepublik darüber hinaus eine Ausnahme von der EU-weiten Meldepflicht auf Kapitalerträge zugestanden wurde, weil sie statt dessen eine »Quellensteuer« erhebt.

Auch bei den technischen Normen, den Lebensmittelbezeichnungen und bei der internationalen Zusammenarbeit: Österreich macht selten, was alle anderen tun, sondern muss meist irgendwelche »Extratouren« haben. Warum eigentlich? Schmeckt der österreichische Wein wirklich so viel besser? Was ist denn ausgerechnet an der Wiener Heurigen-Musik so besonders?

Und die berühmten »Wiener Fiaker« sind doch im Prinzip nichts anderes als gewöhnliche Droschken für Touristen, wie man sie auch in vielen anderen Städten finden kann.

Wieso läßt man ausgerechnet den Österreichern ständig alles durchgehen? Fragen über Fragen ...

Hier fällt mir in diesem Zusammenhang ein Erlebnis aus der Welt des Sports ein, welches sich mir vor Jahren einprägte und gut zu diesem Thema passt. Im Rahmen des Tennis-Davis-Cups traf die österreichische Mannschaft in Graz auf Deutschland. Für nicht am Tennis Interessierte, kurz zur Erklärung: Der Davis-Cup ist der wichtigste Wettbewerb für Nationalmannschaften im Herrentennis. Der österreichische Tennisstar Thomas M. trat im Rahmen dieses Länderkampfes gegen seinen deutschen Gegner Michael S. an. Nun ist bei einer solchen Veranstaltung ein gewisser Patriotismus des heimischen Publikums absolut verständlich, ebenso gibt es erfahrungsgemäß bei solchen Events immer wieder Zuschauer, die nicht realisieren, dass sie sich bei einem Tennis-Match befinden und nicht auf dem Fußballplatz, wobei ich allerdings nichts gegen die Anhänger des Fußballsports gesagt haben möchte.

Jedenfalls benahm sich das österreichische Publikum in einer Art und Weise, die jeder Beschreibung spottet und allen Grundsätzen sportlicher Fairness widerspricht. Der deutsche Spieler wurde während des gesamten Spielverlaufes ausgepfiffen, ausgebuht und gezielt mit Taschenspiegeln geblendet, er ertrug dies alles allerdings mit der Gelassenheit eines echten Gentleman und großen Sportsmannes. Dessen ungeachtet war die Empörung in Deutschland am nächsten Tag groß – nicht nur im Tennislager.

Ein Kommentar einer erbosten Zuseherin ist mir bis heute in Erinnerung geblieben, ich möchte ihn an dieser Stelle originalgetreu wiedergeben:

»Wenn wir Deutsche nicht regelmäßig nach Österreich auf Urlaub fahren würden, müssten die Ösis am Acker hocken und nach Kartoffelknollen graben, damit die überhaupt was zum essen haben...«

Österreich hat den Länderkampf übrigens verloren.

Derartige Vorfälle haben natürlich meist einen tieferen Hintergrund, in diesem Fall steckt ein veritabler Minderwertigkeitskomplex dahinter, welchen die Österreicher generell gegenüber ihren deutschen Nachbarn haben. Denn Österreich befindet sich in massiver Abhängigkeit gegenüber Deutschland nicht nur auf wirtschaftlichem Gebiet, sondern in fast allen Bereichen des täglichen Lebens. Dass ohne die Devisen deutscher Touristen nichts geht in Österreich, wurde bereits erwähnt, aber auch im Verlagswesen, bei Musik-/TV-Produktionen oder allen Arten von Agenturen zeigt sich dasselbe Bild: Was innerhalb des deutschen Sprachraumes Rang und Namen hat, kommt aus Deutschland.

Jetzt mag es aus österreichischer Sicht ja durchaus angenehm sein, möglichst alles fertig aus Deutschland übernehmen zu können, schließlich spricht man dieselbe Sprache. Spielfilme beispielsweise werden von der österreichischen Rundfunk- und Fernsehanstalt »ORF« bereits fertig synchronisiert von deutschen Studios zu einem relativ günstigen Preis gekauft.

Da das lippensynchrone Übersetzen von internationalen Spielfilmen eine ziemlich aufwändige Tätigkeit darstellt, sollten dadurch auch Kosten gespart werden. Allerdings sind die Rundfunk- und Fernsehgebühren in Österreich europaweit am höchsten, was den Eindruck entstehen läßt, dass dieser Kostenvorteil nicht an die Konsumenten weitergegeben wird, sondern in dem Moloch irgendwo versickert. Auch ist es ein offenes Geheimnis, dass sich die Generalintendanten des ORF für ihre Wiederwahl stets mit luxuriösen Gehaltszulagen für die Mitarbeiter bedankten, was natürlich die Personalkosten entsprechend in die Höhe trieb. An dieser Fehlentwicklung können wohl auch die jüngsten »Alibi-Sparmaßnahmen«, welche vom ORF medienwirksam in Szene gesetzt wurden, nichts ändern.

Nun hat diese Strategie des »Sich-verwöhnen-lassens« aber auch einige Nachteile, denn dadurch geht die österreichische Kultur – und damit die eigene Identität – mehr und mehr verloren. Es gibt Untersuchungen von Sprachforschern, welche eindeutig belegen, dass »Österreichisch« als eigene Hochsprache immer mehr von der deutschen Sprache verdrängt wird, obwohl ursprünglich zwischen »Österreichisch« und »Deutsch« sehr wohl Unterschiede bestehen, etwa bei der Anwendung der Hilfsverben. Der Österreicher sagt: »Ich bin in der Wiese gelegen.«, der Deutsche sagt hingegen: »Ich habe in der Wiese gelegen.«

Wenn ich mir nun etwa Ungarn ansehe – ein Land, welches von der Größe her mit Österreich absolut vergleichbar ist – so existiert dort ein wesentlich höheres Maß an Eigenständigkeit. Ungarn verfügt beispielsweise über mehr als zwanzig Fernsehstationen, die rund um die Uhr in ungarischer Sprache senden. Diese Eigenständigkeit entwickelt sich natürlich zwangsläufig, denn die Ungarn haben keinen »großen Bruder«, zu dem sie gehen können und der ihnen alles richtet, was für sie aber auch den Vorteil hat, dass ihre eigene Kultur und Identität – und damit auch ihr »Ego« – immer entsprechend hoch gehalten wird. Dem gegenüber führt in Österreich dieses Gefühl der Abhängigkeit von Deutschland sowie das Bewusstsein, nichts Eigenes geschaffen zu haben, zwangsläufig zu entsprechenden Minderwertigkeitsgefühlen, denn man hat einfach wenig, worauf man stolz sein kann. Die generelle, systembedingte Erziehung zum »Duckmäusertum« kommt dann noch erschwerend hinzu.

Daher sind Österreicher generell für ihr geringes Selbstbewusstsein und ihr defensives Auftreten bekannt, was dazu führt, dass sie beruflich noch weniger reüssieren können, was erneut das Selbstvertrauen beeinträchtigt, ein echter Teufelskreis.

Das seltsame an dem »österreichischen System« ist eben auch, dass der Staat einerseits die Bürger unterdrückt und entmündigt, andererseits aber auch die anstehenden Entscheidungen dann nicht trifft, nirgends die Richtung vorgibt, sondern sich im Prinzip auf das Abkassieren beschränkt. Diese Entwicklung hat auch zur Folge, dass selbst in der Privatwirtschaft die zuständigen Verantwortlichen sofort nach Hilfe vom Staat rufen, wenn ihr Betrieb in die roten Zahlen schlittert. Nach der Devise: Wenn der Staat schon alles reglementiert und sich überall einmischt, so soll er auch die Konsequenzen mittragen.

Jüngstes Beispiel sind die österreichischen Kreditinstitute. Man hat ein paar Bankenpleiten, welche durch reine Sorglosigkeit und Fahrlässigkeit des Managements entstanden sind, zum Anlass genommen, sofort für alle Banken eine staatliche Unterstützung zu gewähren, weil angeblich deren Eigenkapitaldecke zu dünn und die Gewinnmargen zu gering seien. Und die Banken sind nicht die Einzigen. Derartige Beispiele gibt es mehr als genug, denn ob Autozulieferer, Ziegelhersteller oder Stahlverarbeiter, alle laufen sie bei Problemen sofort zum Staat, anstatt sich erst einmal selbst anzustrengen. Es ist eben bequemer, sich subventionieren zu lassen, als selbst ein Sanierungskonzept zu erarbeiten. Und der Staat macht bei diesem Spiel gerne mit, da er dadurch seine Machtposition weiter ausbauen kann.

So orientiert man sich in Österreich eben ständig an »Vater Staat« und macht sich auch dessen Gebräuche zu eigen, ganz nach dem Motto »Wess' Brot ich ess', des' Lied ich sing.«

Dies führt auch dazu, dass Gepflogenheiten der öffentlichen Verwaltung nach und nach auch in der Privatwirtschaft eingeführt werden. So kann die Unsitte, ein bestimmtes Budget unter allen Umständen verbrauchen zu müssen, da sonst eine Reduktion des nächstjährigen Budgets befürchtet wird, auch zusehends bei nach privatwirtschaftlichen Grundsätzen organisierten Unternehmen beobachtet werden.

Drittes Kapitel

Skurrile Geschichten aus dem Alltag

Geselligkeit ist alles – Tischgespräch unter Managern – Heiteres vom Finanzamt – Wiener Kellergeschichten – unsere liebe Post – die Polizei, dein Freund und Helfer – Befund mit kleinen Mängeln – Belästigung am Arbeitsplatz – eine kleine Landpartie

Nachdem es im vorigen Kapitel, wo es um die wirtschaftliche Situation Österreichs ging, schon fast etwas trist zugegangen ist, wird es höchste Zeit für etwas Humor zur Auflockerung. »Skurrile Geschichten aus dem Alltag« habe ich dieses Kapitel genannt und möchte hier etwas aus dem täglichen Leben in Österreich erzählen.

Wie kann man eigentlich in einem Land überleben, in dem die Behörde der natürliche Feind des Bürgers ist und es erst seit April 1998 ein privates, freies Radio gibt? Ein Land, welches aber trotzdem offiziell als Demokratie, Rechtsstaat und Mitglied der westlichen Wertegemeinschaft angesehen wird womit die Möglichkeit, in einem anderen Staat Asyl zu beantragen, für einen Österreicher von vorne herein ausscheidet, einen derartigen Antrag würde wohl kaum ein Land genehmigen.

Also, wie überlebt man?

Geselligkeit ist in Österreich sehr wichtig, das haben wir bereits kennengelernt. Dies bedeutet, dass gemeinschaftliches Essen und Trinken einen zentralen Angelpunkt des Lebens hierzulande darstellt, und man sich über diese Schiene auch das Wohlwollen seiner Gesprächspartner sichern kann. Interessant ist in diesem Zusammenhang ein Vergleich der Tischgespräche, etwa beim Mittagessen in der Kantine.

Internationale Geschäftsleute würden sich bei derartigen Gelegenheiten vorrangig geschäftlichen Details widmen, allenfalls werden Themen wie aktuelle Aktientipps, die neuesten Yacht-Modelle oder der letzte Tauchurlaub in der Karibik kurz gestreift.

Anders jedoch die österreichischen Manager, hier wird so ein Arbeitsessen sogleich zum gesellschaftlichen Selbstzweck und es ist mit an Sicherheit grenzender Wahrscheinlichkeit etwa mit folgendem Dialog zu rechnen: »Also, de Knedln war´n gestern wieder guat, mei Frau macht so guate Knedln.« Ich denke, dass man dies nicht zu übersetzen braucht, man versteht es auch so.

Statt »Knödel« kann man wahlweise Tafelspitz, Nockerl, Schweinebraten« oder andere »Leckerlis« einsetzen – das Prinzip bleibt ident. Sodann wird man in rührseliger Laune vereinbaren, diese nette Plauderei abends beim Heurigen fortzusetzen.

Der Autor selbst war vor nicht allzu langer Zeit bei einem Finanzamt in Wien als Betriebsprüfer tätig – was er dabei erlebte, würde allein ein ganzes Buch füllen. Dazu muss man wissen, dass die Jobvergabe in der öffentlichen Verwaltung auch nach sozialen Kriterien erfolgte. Das bedeutet, es wurden auch Personen eingestellt, welche in der Privatwirtschaft nie und nimmer einen Job gefunden hätten und auch in einen Bürobetrieb kaum integrierbar waren.

Da gab es etwa jenen Beamten, der für das laufende Heraussuchen der Daten von Steuerpflichtigen (damals funktionierte die Speicherung beim Finanzamt noch mittels Karteikarten) stets überdurchschnittlich lange benötigte. Er war drei- bis viermal so langsam wie die anderen – und beim Finanzamt arbeitet keiner wirklich schnell. Da er jedoch generell ein phlegmatischer und ruhiger Typ war und Leistungsdenken in einem österreichischen Amt ohnehin etwas Unbekanntes ist, erregte dies weiter keinen Verdacht, bis man irgendwann durch Zufall dahinter kam, dass er deshalb so langsam war, weil er dabei auch noch einen kleinen »Nebenjob« ausübte. Denn immer, wenn er einen bestimmten Steuerpflichtigen im Karteikasten zu suchen hatte, nützte er die Gelegenheit, und suchte sich unter diesen auch gleich jene heraus, welche als »vermögend« gekennzeichnet waren. Das solcherart erhaltene Adressmaterial gab er an Versicherungsmakler und Anlageberater weiter und ließ sich diese Tätigkeit gut honorieren.

Dieser Missbrauch wurde natürlich sofort unmittelbar nach dem Bekanntwerden in typisch österreichischer Art und Weise verheimlicht, der Beamte durfte auch weiter seinen Dienst ausüben, er wurde nicht einmal versetzt nur Kundendaten durfte er keine mehr ausheben.

Noch mehr Kuriositäten gefällig? Gern, bleiben wir gleich beim Finanzamt. Da war die Sache mit dieser Gruppenleiterin, die es laut Einschätzung ihrer Vorgesetzten eigentlich gar nicht verdient gehabt hätte, Gruppenleiterin zu werden. Nun wäre wohl die einfachste und logischste Konsequenz jene gewesen, dass die Betreffende eben nicht zur Gruppenleiterin ernannt wird, sondern jemand anders.

Halt! Nicht logisch denken – wir befinden uns in Österreich!

Also sprach die Vorgesetzte wie folgt: »Ich bin bereit, Sie zur Gruppenleiterin zu ernennen, allerdings hoffe ich, dass Sie dieses Entgegenkommen meinerseits auch entsprechend zu schätzen wissen!« Was auf »österreichisch« soviel heißt wie: »Ich erwarte mir dafür ein paar Gefälligkeiten ...«

Die frischgebackene Gruppenleiterin musste somit ihren Karrieresprung teuer bezahlen, umso mehr, als man der Vorgesetzten einen gewissen Hang zum Sadismus wohl nicht absprechen konnte. Eines kalten und eisigen Jännertages verlangte sie doch tatsächlich von ihrer Untertanin, sie möge nach Büroschluss mit ihr im Auto nach Sankt Nirgendwo mitfahren und zwar als »lebendes Ausgleichsgewicht«, damit das Auto der Vorgesetzten bei dem herrschenden Glatteis eine bessere Bodenhaftung hat. Natürlich interessierte es die Vorgesetzte nicht, wie ihre Vasallin anschließend die 100 km bei Eis und Schnee ohne Auto zurück nach Hause schaffte.

Sehr interessant war auch die Arbeitsauffassung bei diesem Verein. Beispielsweise durfte aufgrund einer mündlichen Weisung der Abteilungsleitung an Freitagen ab Mittag nicht mehr gearbeitet werden, wobei man natürlich anwesend zu sein hatte, es gab ja offiziell die 40-Stundenwoche. Daher fanden sich die meisten im Buffet zu einer gemütlichen Runde ein – was sollte man auch sonst einen ganzen Freitagnachmittag lang tun? Dass bei solchen Gelegenheiten reichlich Alkohol konsumiert wurde, versteht sich von selbst.

Vor meinem ersten Einsatz als Finanzbetriebsprüfer wurde ich vom Einsatzleiter wie folgt instruiert: »Also passen´s amol auf, ich erklär´ Ihna jetzt, wie bei uns da Has rennt. A jeder macht in Österreich was schwarz, anders geht's net. Des wiss´ ma und des akzeptier´ ma. Mir woll´n ja kan umbringen. Kummt aber drauf an, wie sich der Pflichtige verhalten tuat. Wann er scheh brav brav und kooperativ is, dann druck´ ma beide Augen zua und lassn a was durchgehn. Aber wenn er renitent wird und glaubt, er kann Manderln machn, und mit Anwalt, Gesetzen und dem ganzen Kas daherkummt, dann fang ma richtig ins prüfen an. Und dann find´ ma a wos und dann schnalz´ ma eahm, dass eahm Hern und Segn vergeht!«

Übersetzung: »Passen Sie gut auf, ich erkläre Ihnen jetzt, wie die Sache bei uns läuft. Es ist eine Tatsache, dass jeder Gewerbetreibende in Österreich einen gewissen Teil seines Umsatzes nicht deklariert, somit auch nicht versteuert. Das geht in Österreich nun einmal nicht anders. Wir wissen das und akzeptieren das auch. Wir wollen ja niemanden umbringen. Nun kommt es allerdings darauf an, wie sich der Pflichtige (Finanzamtsjargon für »Steuerpflichtiger«) uns gegenüber bei einer Prüfung verhält. Ist er kooperativ und macht keine Schwierigkeiten, dann drücken wir im Falle des Falles ein Auge zu und lassen auch etwas durchgehen. Aber wenn der Typ aufbegehrt, Schwierigkeiten macht und uns mit Anwalt, Gesetzen und diesem ganzen Kram droht, dann fangen wir an, den Betrieb streng nach Vorschrift zu prüfen – und dann finden wir auch etwas, das wir beanstanden können und dann darf er Strafe zahlen, dass ihm Hören und Sehen vergeht!«

Der Geschäftsführer einer Wiener Weinkellerei, für die ich damals ein IT-Projekt durchführte, weigerte sich strikt, diese an Erpressung grenzenden Spielregeln zu akzeptieren. »Mein Betrieb ist absolut korrekt geführt, jeder Posten ist nachprüfbar richtig, der Kellereiinspektor kann gerne die ganze Kellerei auf Herz und Nieren prüfen, ich denke allerdings nicht im Traum daran, vor ihm niederzuknien oder ihm gar irgendwelche Präsente nachzuwerfen.« Tja ...

Eines schönen Morgens kurz vor sieben Uhr stand besagter Kellereiinspektor plötzlich mitten im Weinkeller der Kellerei – wie er dorthin kam, konnte nie eruiert werden – und deutete auf ein Fass: »Sagen Sie mir sofort, was in diesem Fass ist oder ich sperre Ihnen augenblicklich den Betrieb zu« sprach das Amtsorgan hämisch, genau wissend, dass der zuständige Kellermeister um diese Uhrzeit üblicherweise noch nicht anwesend ist und ihm daher niemand die gewünschte Auskunft geben würde können. Der Geschäftsführer musste sodann als Bittsteller von einem Amt zum nächsten pilgern, bis ihm die Behörde gnädig die Weiterführung seines Betriebes genehmigte.

Was lernen wir daraus? In Österreich wird man zum Betrüger und Schwindler erzogen, als korrekter Mensch kommt man unter die Räder.

Aber lasst uns weiter im Fundus der Alltagsgeschichten graben.

Die Österreichische Post ist auch ein ergiebiges Thema. Zum Beispiel die Geschichte von Walter K., die anschaulich demonstriert, welche Arbeitsauffassung hierzulande Briefträger (österreichisch für Postbote) besitzen und wie sie über ihre Kunden so denken. Jener Postkunde war zu dieser Zeit mit einem Liege-Gips ans Bett gefesselt, seine Mutter sah hin und wieder nach ihm und holte auch die Post für ihn aus dem Briefkasten. Eines Tages versuchte sie – etwas zerstreut – den Briefkasten mit dem falschen Schlüssel zu öffnen, was natürlich nicht gelang, der Schlüssel brach ab und machte das Schloss unbrauchbar.

Der Mann rief sogleich auf dem Postamt an und ersuchte höflich, dass ihm der Briefträger die Post an die Wohnungstür (fünfter Liftstock) bringen möge, bis das Briefkastenschloss repariert ist, er sei mit seinem Beingips nicht in der Lage, die Wohnung zu verlassen. »Warten Sie einen Moment«, sprach der Amtsleiter und legte den Hörer hin, sodass mein Bekannter die folgende Unterredung deutlich mithören konnte.

Es entwickelte sich folgender Dialog zwischen Amtsleiter und Briefträger:

Amtsleiter: »Heast Manfred, der Herr da hat an schlecht'n Haxn, kenntast du so guat sein und eahm einstweilen die Post zur Tür aufetragn, bis sei Postkastl repariert is?«

Briefträger: »Chef, muass i des machn? Der Oa... hat mir no nie a Trinkgeld geb'n...«

Übersetzung:

Amtsleiter: »Du Manfred, ich habe da einen Kunden, der ist im Moment mit seinem Fuß etwas gehandicapt, könntest du wohl so nett sein und ihm einstweilen seine Post an die Tür bringen, bis sein Briefkastenschloss repariert ist?«

Postbote: »Muss ich das tun? Der A... hat mir noch nie ein Trinkgeld gegeben ...«

Das Ersuchen meines Bekannten wurde übrigens abgelehnt.

Auch ich selbst kann über zahlreiche Erlebnisse mit unserer lieben Post berichten.

Meine erste Gattin war aufgrund der Scheidung bereits ausgezogen, allerdings kam noch immer Post für sie an meine Anschrift, daher hinterlegte ich im Postkasten eine Nachricht an den Postboten, dass meine Ex-Gattin hier nicht mehr wohnhaft sei, und vermerkte darauf auch ihre neue Anschrift. Damit die Nachricht auch sicher bemerkt wird, heftete ich sie mit einem Klebestreifen innen an das Posttürchen. Tags darauf stand der Postbote wutentbrannt und mit hochrotem Kopf vor meiner Wohnungstür: »Des kannst net machen Burschi, a Postkastl is a behördliches Hoheitsgebiet, da kannst net afoch irgendan Zettl einepickn wegen deiner Oidn!«

Übersetzung: »Das kannst du nicht machen Junker, ein Postkasten ist behördliches Hoheitsgebiet, da kannst du nicht einfach irgendeine Notiz deine Alte betreffend anbringen!«

Ich war damals etwa um die 30 und im Umgang mit solchen Amtsorganen schon einigermaßen routiniert. »Ich wusste gar nicht, dass wir per du sind«, entgegnete ich kühl, »außerdem brauchen Sie sich wegen so einer Lappalie nicht derart aufzuregen.« Mit diesen Worten schloss ich die Türe, ich habe nie wieder etwas von ihm gehört.

Recht ergiebig sind auch jene Geschichten, die man wohl unter der Überschrift »die Polizei, dein Freund und Helfer« zusammenfassen könnte.

Vor einiger Zeit gelang es dem Autor dieses Buches, einen Betrüger dingfest zu machen. Dieser hatte in einem Supermarkt, als er sich unbeobachtet wähnte, einen teuren Whisky in einen Korb mit Abverkaufsartikeln, wo jeder Artikel einen Euro kostete, gelegt. Er ließ ein paar Minuten verstreichen, holte dann demonstrativ eine Verkäuferin und fragte sie, was mit diesem Whisky wohl nicht in Ordnung sei, da er nur einen Euro koste.

Mit einem Satz war ich da, erklärte der Verkäuferin, dass der Mann ein Betrüger sei und ich das Geschehen beobachtet hätte.

Der eilends herbeigerufene Filialleiter führte den Mann in sein Büro, die ebenfalls alarmierte Polizei erschien wenige Minuten später.

Bis hierher ist es wohl eine alltägliche Geschichte, wie sie sicher öfter vorkommt – nicht nur hierzulande. Aber nun beginnt es interessant – und vor allem typisch österreichisch – zu werden.

Wir befanden uns gemeinsam mit dem Verdächtigen im Büro des Filialleiters und der Polizist begann, mich als Zeuge zu vernehmen. »Wie heißen´s und wo wohnen´s?«, bellte das Amtsorgan.

Darauf ich: »Entschuldigen Sie, wo haben Sie eigentlich Ihre Zulassungsprüfung als Polizist gemacht? Glauben Sie ernsthaft, ich gebe Ihnen im Beisein des Verdächtigen meine Wohnadresse bekannt?« Worauf der Polizist lautstark polterte, diese Äußerung sei eine Beamtenbeleidigung und würde Konsequenzen für mich haben. Gut, auch wenn meine Reaktion für österreichische Diplomatiebegriffe etwas überzogen gewesen sein mag, ist es doch wohl ein starkes Stück, einen Zeugen in Gegenwart des Verdächtigen nach seiner Wohnadresse zu fragen. Es gab übrigens niemals irgendwelche »Konsequenzen«, diese Angelegenheit betreffend.

Auch mein Nachbar hat einiges zu erzählen. Er ist verheiratet, hat drei Töchter und ist bei einer Baufirma angestellt. Aufgrund privater Probleme brauchte er dringend zwei Tage frei, hatte aber seinen gesamten Urlaub bereits aufgebraucht. Krankmelden war auch schwer möglich, da er aufgrund von Rückenmarksproblemen eben erst einen längeren Krankenhausaufenthalt samt anschließender Rehabilitation absolviert hatte.

Und der Arbeitgeber meines Nachbarn war streng – bei einer überdurchschnittlichen Anzahl von Krankenstandstagen drohte die Kündigung. Aber mein Nachbar wusste einen Ausweg: Ein Unfall, das war die Lösung! »Ich geh´ ins Krankenhaus und erzähl´ denen, dass ich auf den Stiegen ausgerutscht und hingefallen bin und mir jetzt schwindlig ist und ich Kopfschmerzen habe. Die werden mir das Gegenteil kaum beweisen können und einen Unfallbericht vom Spital muss mein Chef akzeptieren.« Gesagt, getan. Ein paar Tage später traf ich ihn im Flur. »Sie glauben nicht, was passiert ist«, begrüßte er mich.

»Im Spital haben die mich geröntgt und es wurde diagnostiziert, dass ich bei meinem Sturz eine Schädelprellung erlitten hätte. Dabei ist ja gar nichts passiert, war ja ein »fake« meinerseits – ob der Röntgenapparat von denen wohl nicht funktioniert?«

Viele Bürger meinen seit Jahren, dass das österreichische Gesundheitssystem krank ist und angesichts dieser und anderer Begebenheiten bin auch ich dieser Meinung. Bloß haben sie für diesen Patienten im Spital wohl kein Bett frei.

Interessant ist auch das Schicksal des Automechanikers Franz L.

Er betrieb in der Umgebung von Wien eine kleine, aber erfolgreiche Werkstätte und war immer zur Stelle, wenn man ihn brauchte. Warum er eigentlich nicht in Wien praktiziere, fragte ich ihn, dort gebe es doch vermutlich mehr Kunden?

»Ach, wissen Sie«, meinte er, »ich musste Wien verlassen, da ich dort an der Ausübung meines Berufes gehindert wurde.«

Um eine nähere Erklärung gebeten, erzählte er mir, was ihm wiederfahren war. Eines schönen Sommertages arbeitete Herr L. wie üblich in seiner Autowerkstatt, für die er auch eine Lackiererkonzession besaß. Plötzlich stand, wie aus dem Boden gewachsen, ein Polizist vor ihm. »Was machen Sie da?«, verlangte das Amtsorgan zu wissen. Franz L. (verblüfft): »Entschuldigen Sie – ich arbeite, gibt es irgendein Problem?« Polizist: »Und ob´s a Problem gibt. Mir ham a Anzeige kriagt, dass´ da stinkt, des kost´ Ihna 3 Blaue*!«

Übersetzung: »Es gibt in der Tat ein Problem. Wir haben eine Anzeige erhalten, dass es hier stinkt, Sie müssen dreitausend Schilling (218 Euro) Strafe bezahlen!«

(*ein »Blauer« = ein Tausend-Schilling-Schein)

Der Mechaniker bezahlte die Strafe und zog aufs Land, mietete dort eine Werkstatt und ist seither ein rundum zufriedener Mensch.

Nun verstehe ich natürlich, dass es bei Lackierarbeiten zu Geruchsentwicklungen kommt und mir ist auch klar, dass dies in urbanem Gebiet zu Problemen führen kann, aber wieso hat man dies nicht vorhergesehen? Da hätte man ihm eben die Genehmigung für Lackierarbeiten nicht erteilen dürfen. Man kann doch nicht einen Betrieb behördlich genehmigen und ihm dann einfach ein »Knöllchen« – noch dazu in beträchtlicher Höhe – verpassen.

Irgendwie entsteht langsam der Eindruck, als wären all diese Schikanen vorwiegend auf den Großraum Wien beschränkt und es würde sich im Westen Österreichs besser leben lassen.

Gibt es in dieser Hinsicht etwa ein Ost-West-Gefälle, sollten all diese Kuriosa etwa nur auf den Großraum Wien beschränkt sein und ist der Rest Österreichs von diesem imperialen Größenwahn weitgehend verschont geblieben?

Ich würde sagen: Ja und nein. »Nein« deshalb, weil in Wien ja auch Bundespolitik gemacht wird, die eben für das ganze Land gilt. Wenn die Güterwaggons der österreichischen Bundesbahnen aufgrund inkompetenten Managements und logistischer Fehler nur halb beladen durch die Gegend fahren, so tun sie dies natürlich in ganz Österreich, nicht nur in Wien.

»Ja«, weil der geradezu neurotisch anmutende Zwang der österreichischen Behörden ihre eigenen Bürger zur Schnecke zu machen, tatsächlich signifikant zuzunehmen zu scheint, je mehr man sich der Bundeshauptstadt Wien nähert.

Dafür trifft man in den mittleren und westlichen Provinzen dieses schönen Landes auf eine andere Spezialität, welche für den Besucher ebenfalls nicht sehr angenehm ist und in einer dosierten Mixtur aus Bauernschläue, Geldgier und Hinterhältigkeit besteht. Damit meine ich jetzt nicht unbedingt das Preisniveau mancher österreichischer Fremdenverkehrsgemeinden, wo man in Form einer Kurtaxe sogar für die angeblich so gesunde Luft extra zahlt.

Auch nicht die horrenden Preise bei den meisten Ski-Liften, nein, ich meine die eigene Hierarchie, welche in so einem österreichischen Dorf herrscht. Da gibt es eine Handvoll »opinion leader« (wie das jetzt auf Neudeutsch heißt), mit denen man in einer »eigenen Sprache« sprechen und ein gutes Einvernehmen pflegen sollte, um seinen Interessen Geltung verschaffen zu können.

Irgendwie ist es also doch wieder wie in Wien, eben nur kleiner und dadurch etwas überschaubarer. Denn Wien ist zu einem überdimensionalen »Wasserkopf« geworden, der innerhalb Österreichs fast alles bestimmt, wodurch im ländlichen Bereich die Meinung vorherrscht, dass man »an Wien nicht vorbeikommt, wenn man in Österreich etwas werden will.«

Dieser Umstand hatte eine Landflucht zur Folge, welche in den Fünfziger-Jahren des vorigen Jahrhunderts begann und im Prinzip bis zum heutigen Tag anhält. Ganze Dörfer wurden dadurch mit der Zeit verwaist und dem Verfall preisgegeben. Nur die Öffnung der osteuropäischen Grenzen und der damit verbundene Zuzug von Einwanderern bremste diese Entwicklung kurzfristig etwas, nachhaltige Impulse konnten aber auch dadurch kaum gesetzt werden. Weitblickende Konzepte sind in Österreich eben nicht gefragt, erst handeln, dann denken, lautet die Devise.

Aber wenigstens ergibt sich dadurch genügend Stoff für ein Buch wie dieses.

Viertes Kapitel

Justiz und Polizei – die Politik ist immer dabei.

Wer in Österreich wirklich die Macht hat – eine Regierung, die nicht regiert – Wahlen: Sporen für den Amtsschimmel – eine Zulassungsprüfung für die Regierung: ein Wunschtraum? – die Polizei macht, was sie will – historische Entwicklung der österreichischen Exekutive – Papier ist geduldig: die Kriminalitäts-Statistik – Schlimmer geht immer: die Polizeireform – Übersicht über moderne Ermittlungsmethoden – Gerichtsverfahren: in der Kürze liegt nicht immer die Würze – moderne Aussage-Psychologie: ein Fremdwort? – einmal beschließen, ewig genießen: die österreichischen Gesetze – Kommunikation zwischen Polizei und Gericht: an der Behebung der Störung wird gearbeitet – Beschwerden unerwünscht

Wenn man sich nun derart über die Zustände in diesem Land beklagt, erhebt sich die Frage, wieso man die Dinge nicht einfach ändert? Es müsste doch nur eine neue Regierung gewählt werden, die mit den Zuständen in diesem Land ordentlich aufräumt, das sollte doch kein Problem sein, schließlich geht in einer Demokratie doch der Wille vom Volk aus, oder?

Nun, ich fürchte, so einfach ist das nicht. Abgesehen von der Tatsache, dass in einer parlamentarischen Demokratie wie sie in Österreich herrscht, meist erst eine mehrheitsfähige Regierungskoalition zu bilden ist, in der die eine Regierungspartei dann Rücksicht auf die Interessen ihres Koalitionspartners nehmen muss, erweist es sich eben wieder einmal, dass Österreich ein eigenes Land ist, wo eigene Spielregeln gelten. Denn die wahre Macht in Österreich liegt nämlich gar nicht in den Händen der Regierung. Wo denn sonst? Nun, sie liegt vielmehr bei den Kammern, sonstigen Interessenvertretungen und Lobbys, was in der Praxis natürlich einige Auswirkungen nach sich zieht.

Will in Österreich ein Minister sein Ressort wechseln, also einen anderen Ministerposten einnehmen, so entscheidet darüber die Kammer als zuständige Interessenvertretung, nicht die Bundesregierung. Nehmen wir an, den österreichischen Finanzminister freut sein Job ob der vielen Intrigen nicht mehr und er würde gerne statt dessen Wirtschaftsminister werden. Dafür braucht er nun nicht etwa die Zustimmung des Bundeskanzlers oder des Bundespräsidenten, nein, ausschließlich die österreichische Wirtschaftskammer und deren Lobby entscheidet darüber, wobei dieser Beschluss nach einem ziemlich schwer nachvollziehbaren Proporzsystem gefällt wird.

Hat denn nun die österreichische Bundesregierung überhaupt keine Funktion? Doch, sie ist berechtigt, ein Budget zu verabschieden, welches grundsätzlich den Staatshaushalt regelt. Allerdings ist sie selbst dabei strengen Reglementierungen unterworfen und letzten Endes entscheidet doch wieder, wer die stärkere Lobby hinter sich hat.

Natürlich beschließt die Bundesregierung auch Gesetze, dies geschieht allerdings meist erst nach langen Diskussionen und Streitereien, wobei es eher darum geht, bei der nächsten Nationalratswahl entsprechende Wählerstimmen zu bekommen und den Koalitionspartner nicht zu verärgern, als darum, in einer Sachfrage eine zufriedenstellende und fachlich korrekte Lösung zu finden. Da wartet man lieber, bis entweder eine Weisung aus Brüssel kommt, oder Deutschland eine Regelung einführt, welche dann von Österreich »autonom nachvollzogen« wird.

Dies bringt überdies den Vorteil, dass man sich dann auf »die EU« oder »die Deutschen« ausreden kann und sich daher intern keine Feinde macht, was der gelernte Österreicher ohnehin nicht gerne tut, aber davon etwas später.

Die entsprechenden Hintergründe und Auswirkungen diese (Nicht-) Gesetzgebung betreffend werden im nächsten Kapitel, wo es um Bundesverfassung, Politik und Parteiwesen geht, noch genauer beleuchtet, der geneigte Leser möge diesen Vorgriff verzeihen, aber wenn von Missständen und einem gewissen rechtlichen Vakuum die Rede ist, landet man thematisch zwangsläufig beim Gesetzgeber, dessen Aufgabe es schließlich wäre, eindeutige, gerechte und für alle Situationen anwendbare Gesetze zu beschließen. Denn durch diesen Mangel an exakten gesetzlichen Regelungen ergeben sich jede Menge Interpretationsspielräume und Grauzonen.

Allerdings, wenn Wahlen ins Haus stehen, wird es auf einmal lebendig im Parlament und es kann es sogar vorkommen, dass plötzlich sinnvolle Gesetze erlassen werden. Leider verpufft dieser Effekt nach der Wahl schlagartig wieder und der alte Schlendrian macht sich erneut breit.

Vielleicht sollte man also, um dem österreichischen Amtsschimmel das Galoppieren beizubringen, einfach die Legislaturperiode halbieren und somit die Anzahl der Nationalratswahlen verdoppeln. Wohl auch keine gute Idee, da die Politikverdrossenheit der Bürger dann noch steigen würde, außerdem kostet jeder Wahlkampf eine Menge Geld.

Nun sind wir aber der Frage, wie man die Zustände in diesem Land eventuell ändern könnte, noch immer keinen Schritt näher gekommen. Freiwillig und von selbst wird nichts geschehen, dazu geht es den Österreichern – noch – zu gut, sie leben ja vom Fremdenverkehr und so lange unsere deutschen Nachbarn brav nach Österreich zum Skilaufen kommen, ist alles paletti und für das gute Wiener Schnitzel am Mittagstisch ist gesorgt.

Also werden Änderungen – wie so oft – nur durch einen gewissen Zwang möglich sein. Vielleicht könnte man ja generell eine Art Zulassungsprüfung für Staatsregierungen einführen, denn wer ein Auto lenken will, muss schließlich auch erst den Führerscheinkurs absolvieren und solcherart die entsprechenden Kenntnisse nachweisen. Eine derartige Prüfung könnte man vielleicht auch für ein ganzes Land einführen und die Zulassung erst erteilen, wenn die Regierung bewiesen hat, dass sie mit Rechtsstaatlichkeit, Demokratie, Schutz von Minderheiten und ähnlichen Dingen entsprechend vertraut ist.

Ob die österreichische Regierung wohl eine derartige Zulassungsprüfung bestehen würde? Auf Anhieb wohl kaum, denn die »Unschuldsvermutung«, welche einen Eckpfeiler der Rechtsstaatlichkeit darstellt, ist bei Österreichs Behörden beispielsweise weitgehend unbekannt. Die Beweislast liegt in Österreich stets beim Beschuldigten, er muss nachweisen, dass er das ihm zur Last gelegte Vergehen nicht begangen hat, grundsätzlich wird eher demjenigen geglaubt, der Anzeige erstattet hat.

Dabei verpflichtet sich jedes Land – also auch Österreich – mit seinem EU-Beitritt zu Demokratie und Rechtsstaatlichkeit.

Weiß die österreichische Polizei das eigentlich? Als der Autor dieses Buches noch im Teenageralter war, kursierte unter den Jugendlichen der Spruch: »Österreich ist noch nicht frei, denn es gibt die Polizei!« Nun kann davon ausgegangen werden, dass derartige »Sager« in der einen oder anderen Form überall auf der Welt vorkommen, weil Jugendliche nun einmal dazu neigen, Autoritäten grundsätzlich in Frage zu stellen.

Im Laufe der Jahre hat dieser Spruch für mich aber eine besondere Bedeutung bekommen, denn in Österreich macht die Polizei tatsächlich, was sie will. Die Wegweisung bei vermuteter häuslicher Gewalt beispielsweise mag in zahlreichen Fällen gut, richtig und auch notwendig sein. Allerdings wäre diese schon aus rechtsstaatlichen Gründen an einen richterlichen Beschluss zu koppeln, um polizeiliche Willkür auszuschließen. Die Realität sieht anders aus: Ein Polizist darf laut Sicherheitspolizeigesetz eigenverantwortlich und ohne dies begründen zu müssen, eine Wegweisung bis zu 20 Tagen anordnen, obwohl 48 Stunden locker reichen würden, um eine richterliche Verfügung zu erhalten.

Auch in anderen Bereichen treibt diese Willkür der Exekutive seltsame Blüten. Dem Autor ist ein Fall bekannt, in dem einem unbescholtenen Bürger seine Waffe, die er legal mit Waffenurkunde besaß, einfach abgenommen und an den Meistbietenden versteigert wurde. Und zwar deshalb, weil seine Gattin ihn wegen einer angeblichen Körperverletzung angezeigt hatte, er in dem darauf folgenden Gerichtsverfahren aber freigesprochen wurde.

Bereits unmittelbar nach der Anzeige wurde gegen ihn ein unbefristetes Waffenverbot verfügt, wobei er vor der Behörde nicht einmal die Möglichkeit einer Rechtfertigung hatte, ein Einspruch seinerseits wurde ohne konkrete Begründung zurückgewiesen.

Die Auskunft der zuständigen Behörde lautete wie folgt: »Die Waffe samt Waffenbesitzkarte ist verfallen, der Beschluss in Rechtskraft erwachsen, dagegen können Sie absolut nichts unternehmen.« Dabei hätte die Behörde, rechtlich gesehen, aufgrund der Anzeige überhaupt kein unbefristetes Waffenverbot aussprechen dürfen, sie hätte erst das Ermittlungsverfahren abwarten müssen. Maximal wäre ein vorübergehender Entzug der Verfügungsgewalt über die Waffe bis zum Vorliegen des Gerichtsurteils gerechtfertigt gewesen, wenn jemandem der Führerschein entzogen wird, nimmt man ihm schließlich auch nicht gleich das Auto weg.

Trotz rechtskräftigem Freispruch hat jener Bürger seine Waffe – welche obendrein ein Erbstück seines verstorbenen Vaters ist – bis heute nicht zurück erhalten. Von einem Artikel 18 des Bundesverfassungsgesetzes, welcher besagt, dass es für jede Handlung eines Verwaltungsorganes einer rechtlichen Grundlage bedarf, hat die Behörde scheinbar noch nie etwas gehört.

Der Hintergrund dieses konkreten Falles ist natürlich der, dass privater Waffenbesitz in Österreich – wie sicherlich auch in anderen Ländern – seitens der Behörde nicht gerne gesehen wird. Es besteht hier auch ein gewisser Druck der öffentlichen Meinung und es steht uns Bürgern wohl auch nicht zu, darüber zu urteilen, ob privater Waffenbesitz nun generell sinnvoll ist, oder nicht. Allerdings würde der Gesetzgeber in jedem zivilisierten Land der Welt in einer derartigen Situation eine eindeutige Regelung betreffend privaten Waffenbesitz erlassen, an die sich jeder zu halten hat – wie auch immer diese Regelung konkret aussieht. In Österreich schweigt der Gesetzgeber jedoch – getreu der österreichischen Tradition, möglichst nie zu einem Thema eindeutig Stellung zu beziehen. Man geht statt dessen lieber nach der beliebten »den-werden-wir-Mores-lehren«-Methode vor und versucht, den »renitenten« – weil auf sein Recht pochenden – Bürger nach allen Regeln der Kunst kleinzukriegen (etwa durch ungerechtfertigte Vorladungen) bis er schließlich aufgibt und sich in sein Schicksal fügt.

Ich denke, nun ist der Zeitpunkt gekommen, ein kurzes Schlaglicht auf die historische Entwicklung der Exekutive in Österreich zu werfen, da es für ein besseres Verständnis dieses doch recht komplexen Themas vorteilhaft sein kann, etwas über die Hintergründe dieser Entwicklung zu erfahren. Grundsätzlich herrscht in der Europäischen Union (mit Ausnahme Großbritanniens und teilweise der skandinavischen Länder) das so genannte kontinentale Polizeisystem vor, dieses unterscheidet sich vom anglo-amerikanischen System in einigen wesentlichen Punkten.

Die Beauftragung und Legitimierung des Polizeidienstes erfolgt durch die Bundesregierung, nicht durch lokale Behörden oder Landesregierungen, was zur Folge hat, dass die Struktur des Polizeiapparats stark zentralisiert ist, was für die tägliche Polizeiarbeit Vor- und Nachteile mit sich bringt.

Historisch gesehen geht die Struktur der heutigen Exekutive auf den polizeilichen Wohlfahrtstaat des aufgeklärten Absolutismus zurück, womit wir – der geneigte Leser ahnt es bereits – wieder bei einem Namen angelangt sind: Fürst Metternich.

An dem Mann kommt man einfach nicht vorbei, wenn man sich mit österreichischer Geschichte beschäftigt. Unter seiner Herrschaft wurde die Polizeigewalt praktisch unbeschränkt ausgeübt, eine Untersuchungshaft musste beispielsweise weder hinsichtlich ihres Grundes noch hinsichtlich ihrer Dauer begründet werden. Sie wurde einfach über eine bestimmte Person verhängt, wenn der zuständige Polizeikommandant dies für notwendig erachtete.

Es darf allerdings nicht außer Acht gelassen werden, dass selbst diese, aus heutiger Sicht mittelalterlich erscheinenden, Methoden für die damalige Zeit bereits einen Fortschritt darstellten.

Denn vor dem Zeitalter der sogenannten Aufklärung verstand sich jeder Fürst oder Kaiser als ein von Gott eingesetzter Herrscher und über jedem Gesetz stehender Souverän, er konnte somit nach seinem Gutdünken schalten und walten.

Da war es nun bereits ein großer Schritt in die richtige Richtung, dass im aufgeklärten Absolutismus zumindest schon einmal die Judikative an das Volk abgetreten worden war und fortan in den Händen einer relativ unabhängigen Behörde lag, welche aufgrund niedergeschriebener Gesetze die für alle Bürger gleichermaßen galten, ihre Urteile zu sprechen hatte.

Leider haben sich Judikative und Exekutive von damals bis heute, in Österreich nicht in gleichem Maße weiter entwickelt. Während die Gerichtsbarkeit, nicht zuletzt aufgrund von internationalem Druck seitens Menschenrechtsorganisationen und der Europäischen Union, schleppend aber doch in ihren Strukturen einigermaßen modernisiert wurde, weht in der Polizeibürokratie noch immer der Hauch der ehemals monarchistischen Amtsstuben. Da überdies die Verantwortung für die Polizeigewalt ausschließlich beim österreichischen Staat liegt – der Staat also das »Gewaltmonopol« hat – wird durch die damit einhergehende Zentralisierung der Entscheidungswege und die streng hierarchische Organisation innerhalb des Polizeisystems ein starker bürokratischer Ballast aufgebaut, es kommt zu einer Überreglementierung der entsprechenden polizeilichen Tätigkeiten bis in den kleinsten Bereich.

Wie regelt man das nun auf österreichisch, wenn es zu viele lästige Vorschriften gibt? Man setzt sich einfach darüber hinweg.

Somit hat sich seitens des Polizeiapparats eine schon fast gewohnheitsrechtliche Willkür entwickelt, die man besonders auf der Mikroebene polizeilichen Handelns – den Amtshandlungen gegenüber den Bürgern – schmerzhaft wahrnimmt, da diese auch objektiv gesehen, oft als überzogen und ungerechtfertigt eingestuft werden müssen.

In der Statistik findet man dies jedoch nicht abgebildet, im Gegenteil, jedes Jahr brüstet sich das Innenministerium damit, dass die Kriminalitätsrate wieder um einige Prozent zurückgegangen sei, da jeweils im Vergleich zum Vorjahr weniger Diebstähle, Einbrüche und andere Delikte begangen worden seien. Wenn man genauer nachfragt, erfährt man, dass die Verbrechensstatistik in Österreich sozusagen »gedeckelt« wird.

Wie das geht? Ganz einfach, die Polizeibeamten werden von ihren Vorgesetzten systematisch dazu angehalten, ab dem Erreichen einer bestimmten Anzahl angezeigter Straftaten (etwa Diebstähle) Anzeigen kleinerer Delikte in diesem Bereich – etwa Fahrraddiebstähle – einfach nicht mehr entgegen zu nehmen, der Anzeiger wird unverrichteter Dinge nach Hause geschickt.

Es gibt des weiteren massive Anzeichen dafür, dass manche Anzeigen von der Exekutive zwar angenommen, aber dann einfach nicht weiterverfolgt werden, vor allem dann, wenn einerseits der zugrunde liegende Sachverhalt entsprechend komplex ist – also umfangreiche Ermittlungen erforderlich wären – andererseits aber auch angenommen werden kann, dass der Geschädigte wohl keine besonderen Schwierigkeiten machen wird.

Entweder weil er/sie nicht den Mut und die Durchschlagskraft besitzt, oder nicht über entsprechende finanzielle Mittel verfügt, welche es erst ermöglichen, den mühevollen Instanzenweg auch durchzustehen. Derartige Anzeigen werden dann einfach zu den Akten gelegt und zählen für die Statistik nicht.

Mit solchen Methoden kann dann in den Medien natürlich leicht eine positive Kriminalitätsstatistik präsentiert werden und dadurch erreicht Wien in Untersuchungen über die Lebensqualität in Großstädten regelmäßig einen Platz unter den ersten drei, was wiederum die Bevölkerung mit Stolz zur Kenntnis nimmt – und sich noch williger abzocken und bevormunden lässt.

Dazu kommt, dass im Zuge der Polizeireform, welche von 2000 bis 2002 unter dem damaligen Innenminister erfolgte, der deutliche Einsatz von radikalen Rotstift-Sparmaßnahmen zu erkennen ist. So wurde das Institut für Gerichtsmedizin in Wien aufgelöst, da dessen Fortführung angeblich zu teuer gekommen wäre.

Somit bleibt nur das gerichtsmedizinische Institut in Innsbruck als diesbezüglicher Ansprechpartner, ein Umweg, der viel Zeit kostet. Dies hat zur Folge, dass nun eine wesentlich geringere Anzahl von gerichtsmedizinischen Untersuchungen durchgeführt wird, was wiederum die Qualität der Rechtsprechung beeinträchtigt, denn derartige Faktoren bedeuten einen massiven Rückschlag in dem Bemühen, tat- und schuldangemessene Urteile sprechen zu können und haben – zusammen mit der Erweiterung der Weisungsbefugnis von Innenminister und Justizminister bezüglich Ermittlung und Anklageerhebung – die weitere Hinwendung zu einer »Willkürjustiz« zur Folge.

Diese Weisungsbefugnis des Ministeriums wird auch vom Europarat in einem Bericht kritisiert. Darin heißt es wörtlich:

»Das österreichische Innenministerium bleibt angreifbar durch die Möglichkeit des Ministers, Anweisungen zu erteilen.« Derartige Weisungen ergeben tatsächlich eine sehr unvorteilhafte Optik, aufgrund welcher Intention auch immer sie erfolgen mögen.

Womit wir langsam auf das heikle Thema »Korruption« zusteuern, der Bericht des Europarates stellt Österreich auch hier kein gutes Zeugnis aus. Demnach befindet sich Österreich trotz einiger interessanter Initiativen »noch immer in einem frühen Stadium des Kampfes gegen die Korruption.« Exekutive und Staatsanwaltschaften werden als »nicht unabhängig genug und/oder stark politisiert« wahrgenommen.

Korruption sei in Österreich an der Tagesordnung und der Europarat kommt zu dem Schluss, dass es abgesehen von der Reform des Strafrechts und der Strafprozessordnung »kein besonderes Anti-Korruptionsprogramm der Regierung« gibt und kein Sektor gegen Korruption immun scheint.« Soweit der Bericht des Europarates, der wohl für sich spricht.

Aber noch einmal zurück zur Polizeireform. Im Zuge dieser wurden zahlreiche Kommissariate und Dienststellen aufgelassen oder zusammengelegt, ohne dass ein rahmenorganisatorisches Konzept dafür erkennbar gewesen wäre. Darüber hinaus wurden verstärkt junge und unerfahrene – aber dafür kostengünstige – Mitarbeiter für den Polizeidienst angeworben, die altgedienten, erfahrenen Kommissare wurden großteils in den vorzeitigen Ruhestand geschickt. Dass eine derartige »Billig-Polizei« bei der Ausforschung von Straftätern und Umsetzung der sonstigen sicherheitspolizeilichen Agenden nicht besonders effektiv und erfolgreich sein kann, liegt wohl auf der Hand.

Gespart wird natürlich auch bei der Aus- und Weiterbildung der Polizeibeamten, dabei wäre berufliche Fortbildung wichtig, denn es werden eine ganze Reihe moderner Ermittlungsmethoden laufend weiterentwickelt und verfeinert:

DNA-Analyse

Erhebung, Analyse und Vergleich des einzigartigen genetischen Fingerabdruckes.

Profiling

Erstellung eines Täterprofiles aufgrund kriminalpsychologischer Erfahrungswerte und Erkenntnisse.

VICLAS

Violent Crime Linkage Analysis System – einheitliche Vorgehensweise/Checklisten-Katalog für bestimmte Tötungsdelikte und Sexualverbrechen.

Für Interessierte:

Diese Methode wurde von den »Canadien Mounties« (einer kanadischen Polizeieinheit) entwickelt und berücksichtigt das weitgehende Fehlen von Zeugen oder Spuren, wie es in der weitläufigen kanadischen Wildnis eben vorkommt.

Cold-Case-Management (CCM)

Nachträgliches Aufrollen von ungeklärten Kriminalfällen.

Die Gründe dafür sind meist die Entwicklung neuer Ermittlungsmethoden, wodurch man sich Hinweise auf den Täter erhofft.

Modernes CCM besteht jedoch auch darin, bei ungeklärten Verbrechen laufend zu prüfen, ob die relevanten Sachverhalte noch unverändert bestehen. Etwa, ob die Gattin dem Verdächtigen immer noch ein Alibi gibt, oder die beiden vielleicht inzwischen geschieden sind.

All diese relativ neuen Methoden sind den österreichischen Ermittlern in der Theorie zwar bekannt, werden jedoch in der Praxis leider nicht immer angewendet – im Fall von VICLAS und CCM sogar so gut wie nie. Derartige Aktivitäten sind dann meist der Initiative einzelner Beamte überlassen.

So konnte der Mord an der zwanzigjährigen Alexandra S., die nach dem Besuch einer Diskothek auf dem Heimweg vergewaltigt und ermordet wurde, nur deshalb aufgeklärt werden, weil ein Kriminalbeamter seine Pflicht sehr genau nahm, vorerst wurde der Fall ungeklärt zu den Akten gelegt. Einige Jahre später wurde im Zuge der Amtshandlung wegen eines relativ harmlosen Raufhandels von dem 32-jährigen Herbert P. routinemäßig ein DNA-Abdruck genommen.

Obwohl es bereits Freitagnachmittag war – ein Zeitpunkt, wo sich ein österreichischer Beamter üblicherweise durch Zeitung lesen oder Besuch der Kantine bereits auf das Wochenende einstimmt – machte sich der diensttuende Beamte die Mühe, den Abdruck von Herbert P. mit DNA-Spuren zu vergleichen, die an Tatorten ungeklärter Mordfälle gesichert worden waren. Die DNA stimmte mit jenen im Mordfall Alexandra S. überein, noch am selben Tag konnte der Täter verhaftet werden.

Das Interessante daran ist, dass jener Kriminalbeamte, welcher solcherart die Aufklärung des Mordfalles ermöglichte, im Prinzip vollkommen eigenmächtig gehandelt hat. Er war dazu weder verpflichtet, noch wurde er etwa im Zuge einer allgemeinen dienstlichen Vorgehensweise dazu angehalten, er hätte an diesem Freitagnachmittag genau so gut Kreuzworträtsel lösen können.

Dies alles könnte zweifellos durch entsprechende Schulung und Ausbildung der Beamten sowie entsprechende dienstrechtliche Weisungen relativ leicht behoben werden, wenn man nur wollte.

Leider reagieren Polizeibeamte dann auch falsch, denn anstatt intern auf diese Missstände hinzuweisen, kompensieren sie diese gegenüber den Bürgern durch eine überharte Vorgehensweise, damit nur ja kein Zweifel an ihrer Autorität aufkommen kann.

Diese unvorteilhafte Entwicklung hat ihren Niederschlag auch in einem Anstieg der Kriminalität von 500.000 Delikten (vor der Reform) auf über 600.000 Delikte (nach der Reform) gefunden.

Gleichzeitig sank die Aufklärungsquote von 51% (1999) auf 27% im Jahre 2007.

Unter namhaften Kriminalisten, welche ferner über Insider-Informationen verfügen, herrscht die Meinung vor, dass diese Amputation der polizeilichen Möglichkeiten durchaus beabsichtigt ist und ihren Grund nicht nur in Sparmaßnahmen hat.

Die Polizei soll sich möglichst darauf beschränken, die »kleinen Hühnerdiebe« zu fangen und die großen Fische aus Politik und Wirtschaft möglichst in Ruhe lassen. An das Ende einer derartigen Entwicklung will ich gar nicht denken.

Dass Österreich generell das Land der einfachen Wege ist, wo alles möglichst einfach und unkompliziert ablaufen soll, merkt man aber auch im Bereich der Justiz, beispielsweise bei einem Gerichtsverfahren. Den Richter interessiert in einem solchen Verfahren der tatsächliche Ablauf des Geschehens nicht wirklich, er will eine möglichst einfache und plausible Geschichte hören, wie sich das Geschehen zugetragen haben könnte – nicht zwangsläufig zugetragen haben muss – danach fällt er sein Urteil.

Dass durch dieses Desinteresse an der Wahrheit unter Umständen ein Unschuldiger verurteilt wird, derjenige somit zum Opfer wird und an den Folgen dieses Fehlurteils unter Umständen sein Leben lang zu tragen hat, interessiert hierzulande niemanden. Hauptsache, die Verhandlung ist möglichst schnell beendet und alle beteiligten Beamten können sich wieder in die Justizkantine begeben.

Ein bekannter österreichischer Kriminalist, Buchautor und Spezialist für Sicherheitsfragen beschreibt dieses Szenario wie folgt:

»Es gibt stets drei Wahrheiten: Wie ein Sachverhalt sich tatsächlich ereignete, was man bei der Polizei schildert und was dann schließlich bei Gericht davon übrig bleibt, das sind immer drei verschiedene Geschichten.«

Es sollte daher dringend ein Gesetz erlassen werden, welches jeden Richter zwingt, die Erkenntnisse und Regeln der modernen Aussagepsychologie bei seiner Bewertung der Glaubwürdigkeit einer Zeugenaussage und deren Beweiswürdigung (der Wertigkeit, welche der Aussage für die Urteilsbemessung zukommt) zugrunde zu legen. Denn mit Hilfe derartiger Techniken kann zum Beispiel eine Lüge mit einiger Sicherheit als solche entlarvt werden.

Vielleicht interessiert es den einen oder anderen, was es genau damit auf sich hat, deshalb möchte ich es nachstehend – gewissermaßen als Exkurs – kurz erläutern.

Eine Aussage wird ihrer Natur nach niemals zur Gänze gelogen sein, fast immer finden sich darin – meist sogar überwiegend – auch wahrheitsgemäße Elemente, wobei unter einer Lüge hier nicht das versehentliche Vergessen von Tatbestandsmerkmalen oder das Verwechseln von Geschehnissen oder Daten verstanden werden soll, sondern die gezielte, vorsätzliche Lüge zur Verschleierung einer Straftat. Es ist nun erwiesen, dass praktisch jeder, auch der hartgesottenste Gauner, eine unbewusste Reaktion zeigt, wenn er zum Kern seiner Aussage – der Lüge – kommt. Man nennt dies den »Strukturbruch« in einer Aussage.

Als Beispiel diene folgender Fall: Ein PKW wurde von privat an privat verkauft, im Nachhinein stellte sich jedoch heraus, dass der Wagen bereits einen Unfall hatte. Der Verkäufer behauptet nun steif und fest, den Käufer über diesen Umstand aufgeklärt zu haben, der Käufer bestreitet dies – es kommt daher zu einer gerichtlichen Auseinandersetzung.

Nun wird der Verkäufer bei seiner Vernehmung vor Gericht eine umfangreiche Schilderung der Ereignisse geben können. Wie sich die Vertragsparteien im »Gasthaus zum Goldenen Hirschen« getroffen haben, was jeder dort konsumiert hat, wie der Vertrag ausgehandelt und schließlich die Autoschlüssel übergeben wurden. Seine Schilderung wird in diesen Punkten auch der Wahrheit entsprechen – er hat das Geschehen schließlich tatsächlich erlebt, warum sollte er etwas erfinden?

Interessant wird es dann, wenn er aufgefordert wird, anzugeben, ob und mit welchen Worten er den Käufer auf den Unfall hingewiesen habe, denn nun muss der Verkäufer lügen, wenn er nicht verurteilt werden will. (Wir gehen in unserem Beispiel davon aus, dass er den Unfall tatsächlich arglistig verschwiegen hat). Diese für ihn unangenehme und eventuell auch ungewohnte Stresssituation wird nun mit großer Wahrscheinlichkeit in einer – unbeabsichtigten – Reaktion seiner Gestik oder Mimik ihren Niederschlag finden. Etwa in einem Zwinkern, einem unwillkürlichen Heben der Stimme oder einer anderen, scheinbar bedeutungslosen Kleinigkeit.

Dies wäre ein signifikantes Beispiel für einen Strukturbruch welcher sodann, vom Gericht richtig interpretiert, zu einer entsprechenden Einschätzung der Glaubwürdigkeit dieser Aussage führen kann.

Aber wie gesagt, selbst die modernsten Erkenntnisse erweisen sich als nutzlos, wenn sie nicht angewendet werden.

Ein weiteres Problem im Bereich der Rechtsprechung besteht darin, dass es in Österreich üblich ist, ein einmal beschlossenes Gesetz – so sinnvoll es zu dem Zeitpunkt seines Inkrafttretens auch gewesen sein mag – auf ewige Zeiten unverändert zu belassen und nie mehr wieder auf seine Sinnhaftigkeit und Aktualität zu überprüfen. Es gibt keinen verbindlichen Kontrollmechanismus, um überprüfen zu können, ob jene Voraussetzungen, welche seinerzeit zum Beschluss des betreffenden Gesetzes geführt hatten, heute immer noch unverändert vorherrschen.

Daher existieren beispielsweise im Allgemeinen Bürgerlichen Gesetzbuch (ABGB) noch immer zahlreiche Gesetze aus der Zeit Maria Theresias, welche nie geändert oder angepasst worden sind. Was die allgemein als korrekt und weitsichtig bekannte österreichische Kaiserin* Maria Theresia an Gesetzen erlassen hat, mag zu ihren Lebzeiten gut und richtig gewesen sein, aber die Gegebenheiten und Umstände ändern sich nun einmal im Laufe der Zeit und dem müsste Rechnung getragen werden.

*Für geschichtlich Interessierte:
Maria Theresia hat die Krönung zur Kaiserin zeitlebens abgelehnt, war also nie Kaiserin von Österreich. Der Grund, warum sie trotzdem als „Kaiserin" in die Geschichte einging, war jener, dass ihr Mann, Franz Stephan von Lothringen, Kaiser des damaligen Heiligen Römischen Reiches gewesen war. Nach dem selben Prinzip ist es in Österreich auch üblich, die Gattin eines Arztes mit „Frau Doktor" anzureden.

Es fällt ferner auf, dass sich die beteiligten Anwälte und oft auch der Richter im Vorfeld einer Verhandlung meist telefonisch oder persönlich beraten, das Urteil wird sozusagen vorher abgesprochen und ausverhandelt, somit ist die eigentliche Gerichtsverhandlung dann oft nicht mehr als ein »inszeniertes Theaterstück.«

Ein weiteres Übel in diesem Bereich stellt wohl der Umstand dar, dass die Kommunikation zwischen Polizei und Gericht gelinde gesagt, etwas beeinträchtigt ist. Das Gericht verwendet beispielsweise ein polizeiliches Erhebungsprotokoll nur dann, wenn die Vorlage desselben durch Staatsanwalt oder Verteidiger beantragt wird – unabhängig davon, ob es etwa für die Aufklärung des Tatherganges sachdienlich wäre oder nicht.

Anfragen auf Referentenebene seitens der Exekutive, welche ein bestimmtes Verfahren betreffen, werden seitens der gerichtlichen Instanz entweder gar nicht oder nur sehr schleppend beantwortet, dem Vernehmen nach hat dies unter anderem mit bestimmten persönlichen Motiven seitens der jeweiligen Führungsebenen zu tun.

Offiziell wird dies alles natürlich geschönt dargestellt, es wird stets betont, dass die Österreicher mit der Polizei und den Gerichten offensichtlich sehr zufrieden sind, da es kaum Beschwerden gibt. Das glaube ich gerne, denn wenn es jemand tatsächlich wagen sollte, sich zum Beispiel über einen Polizisten oder gar einen Richter zu beschweren, so hat er mit massiven Problemen und Schikanen zu rechnen, so er denn in diesem Land lebt. Und Ausländer, die das Land wieder verlassen, beschweren sich ebenfalls meist nicht, geringfügige Vorkommnisse lassen sie auf sich beruhen (man will sich ja nicht den Urlaub verderben) und bei massiveren Problemen wird geklagt.

Und eine Klage zählt interessanterweise nicht als Beschwerde.
Somit hat Österreich auch in diesem Bereich tadellose Statistiken.

Ein weiterer Grund für die geringe Zahl von Beschwerden über Exekutive und Gericht ist wahrscheinlich auch die Tatsache, dass eine gerichtliche Verurteilung eines Beamten so gut wie nie erfolgt. Selbst jene Polizisten, die einem Schubhäftling den Mund mit Klebeband zuklebten und ihn so dem Erstickungstod auslieferten – oder diesen zumindest in fahrlässiger Weise in Kauf nahmen – fassten verhältnismäßig milde Strafen aus: Acht Monate bedingt auf eine Probezeit von 3 Jahren, sogar ihre Suspendierung wurde aufgehoben und sie dürfen weiterhin ihren Dienst als Polizeibeamte versehen.

Fünftes Kapitel

Verfassung, Staat und Parteiwesen

Demokratie und Verfassung – die Rechtsordnung als Stufenbau – jemand der Gesetze gibt, sollte auch erreichbar sein – Ablauf eines Gesetzesbeschlusses – politische Parteien in Österreich und deren Förderung – Machtfaktor im Hintergrund: die Medien – Geschichte und Wandel der österreichischen Neutralität

Österreich ist eine demokratische Republik, ihr Recht geht vom Volk aus.

Dieser Grundsatz ist in Artikel 1 der Österreichischen Bundesverfassung geregelt, aber was bedeutet dies genau? Nun, was man unter einer Demokratie versteht, ist wohl jedem von uns geläufig, aber wieso geht das Recht vom Volk aus?

Dieses Grundprinzip der Verfassung bringt zum Ausdruck, dass die Gerichtsbarkeit und die Exekutive – also die Staatsgewalt – nicht bei einem einzelnen Herrscher liegt, welcher uneingeschränkt und willkürlich regiert, sondern diese in die Hände des Volkes gelegt wurde. Das Volk ist somit Träger der Staatsgewalt.

Die Behörden sind – gewissermaßen als »Erfüllungsgehilfe des Volkes« – mit der Umsetzung der geltenden Gesetze, welche für alle Bürger gleichermaßen Geltung besitzen, beauftragt.

Dazu bedient man sich eines Instrumentariums, welches als »Stufenbau der Rechtsordnung« bezeichnet wird. Grundlage dieser hierarchischen Rechtsordnung ist die Bundesverfassung, von ihr werden alle weiteren Rechtsnormen abgeleitet.

Dies bedeutet aber auch, dass diese stets auf die Verfassung rückführbar sein müssen und deren Inhalten und Vorgaben zu entsprechen haben.

Jener Verwaltungsbereich, den der Bürger im allgemeinen mit dem Begriff »Amt« in Verbindung bringt, ist durch die so genannte »Bundesabgabenordnung« (BAO) geregelt, darunter werden – vereinfacht gesagt – jene Rechtsnormen verstanden, welche nicht der Straf- und Zivilprozessordnung unterliegen, aber dessen ungeachtet ebenfalls das Staats- und Gemeinwesen regeln.

Hier kommuniziert die Behörde mit dem Bürger grundsätzlich durch sogenannte »Bescheide«, ein Bescheid stellt den Willen der Behörde dar.

Grafische Darstellung dieser Hierarchie:

Für all diese Bereiche gilt das Prinzip der Rechtsstaatlichkeit, dies bedeutet, dass die gesamte staatliche Verwaltung nur aufgrund der geltenden Gesetze ausgeübt werden darf.

Soweit die Theorie, was allerdings die Praxis betrifft, so bin ich mit der Art und Weise, wie diese Grundsätze umgesetzt werden, absolut nicht einverstanden. Nicht nur, dass vor allem das Prinzip der Rechtsstaatlichkeit in der Praxis ständig mit Füßen getreten wird, es nützen vor allem die besten demokratischen Prinzipien nichts, wenn die diesen Prinzipien zugrunde liegenden Gesetze mangelhaft, veraltet oder unvollständig sind!

Außerdem müsste das Volk — wenn von ihm das Recht und damit die Macht ausgeht — doch auch mehr Einfluss auf die Geschehnisse nehmen können? Sollte man meinen, ist aber nicht.

»Das Volk« darf eine Regierung wählen, das ist auch schon alles.

Zum einen hat diese Regierung in ihrer täglichen Arbeit eine äußerst beschränkte Machtbefugnis und zum anderen ist dieser »Gesetzgeber« für den normalen Mann von der Straße genauso unerreichbar wie der Mond. Wenn man etwa die Entscheidung eines Amtes oder eines Beamten kritisiert – und sei die Kritik auch noch so berechtigt – kann man oft folgende Antwort zu hören bekommen: »Das müssen Sie dem Gesetzgeber sagen, mein Herr, ich bin nur ein Beamter, der das Gesetz exekutiert.«

Und da hat der Beamte von seinem Standpunkt aus sogar Recht.

Nur hat der Gesetzgeber leider weder eine email-Adresse, noch eine Telefonnummer, unter der er erreichbar wäre und Beschwerden oder Anregungen entgegennehmen könnte und die viel gepriesenen Bürgerdienste und Service-Hotlines stellen wohl nicht mehr als Alibiaktivitäten dar, die dazu dienen, die Bürger zu beruhigen und zu besänftigen.

Die einzige Möglichkeit, ein bestehendes Gesetz zu beeinspruchen, wäre theoretisch die Beantragung eines Gesetzprüfungsverfahrens, dazu benötigt man allerdings anwaltlichen Beistand – was mit Kosten verbunden ist außerdem dauert ein derartiges Verfahren (wenn es überhaupt jemals eingeleitet wird) mit Sicherheit mehrere Jahre und es wäre zweifellos mit etlichen bürokratischen Hürden und Widerständen zu rechnen.

Vielleicht interessiert es den einen oder anderen, wie überhaupt der Verlauf eines Gesetzesbeschlusses, in Österreich aussieht. Daher möchte ich an dieser Stelle kurz darauf eingehen.

Der Ablauf stellt sich im Prinzip wie folgt dar: Der Nationalrat* beschließt – nach eingehender Beratung und Sondierung der Stimmung im Volk (schließlich will man die nächste Wahl gewinnen) – einen Gesetzesentwurf zu einem bestimmten Thema.

*Der Nationalrat ist in Österreich die gesetzgebende Körperschaft, er entspricht in dieser Hinsicht dem deutschen Bundestag.

Dieser Gesetzeswurf geht sodann zur Prüfung an den Bundesrat, welcher aus den gewählten Vertretern der einzelnen Bundesländer besteht. Ist der Bundesrat mit der Gesetzesvorlage einverstanden, gilt das Gesetz als beschlossen und wird in den normativen Bundesrechtsbestand aufgenommen, ferner erfolgt eine Instruktion an die Exekutive (Polizei, Zollbehörde etc.), wie dieses Gesetz zu vollziehen ist.

Sollte der Bundesrat mit der Gesetzesvorlage nicht einverstanden sein, so sendet er diese mit einem ausführlichen Kommentar der ihn dazu bestimmenden Erwägungen an den Nationalrat zurück.

Dieser hat nun die Möglichkeit, den Entwurf abzuändern, dann hat er den modifizierten Vorschlag erneut an den Bundesrat zur Prüfung zu übersenden, und dessen Stellungnahme abzuwarten.

Der Nationalrat kann allerdings auch einen so genannten »Beharrungsbeschluss« fassen, somit wird der Bundesrat übergangen und das Gesetz gilt als beschlossen.

Dies wird immer dann der Fall sein, wenn legitime Bundesinteressen über einzelne Länderinteressen* zu stellen sind.

*Korrekterweise müsste der Bundesrat eigentlich Länderrat heißen, da er die einzelnen Bundesländer vertritt. Unter »Bund« versteht man nämlich den Staat, also die Republik Österreich in ihrer Gesamtheit.

Sehen wir uns nun an, wer aller im österreichischen Nationalrat sitzt – wer also die Gesetze verabschiedet.

Grundsätzlich bestimmt die bei einer Nationalratswahl auf eine Partei entfallene Anzahl der Wählerstimmen die Anzahl ihrer Sitze – der so genannten »Mandate« – im Nationalrat.

Da nun Österreich eine so genannte »parlamentarische Demokratie« darstellt, ist für die Regierungsgewalt eine bestimmte Stimmenmehrheit erforderlich. Falls nun eine Partei nicht über die erforderliche Mehrheit verfügt, muss sie, um regieren zu können, eine »Koalition« – also ein Bündnis – mit einer anderen politischen Partei eingehen. Dies bedeutet allerdings immer, auch Rücksicht auf den Bündnispartner nehmen zu müssen und manchmal in wesentlichen Sachfragen auch nachzugeben und Kompromisse zu schließen, was das Ergebnis meist ziemlich verwässert.

Die anglo-amerikanischen Staaten sind in diesem Punkt flexibler, sie wenden die sogenannte »präsidiale Demokratie« an, bei der ein Präsident vom Volk gewählt wird, und im Prinzip über volle Handlungsvollmacht verfügt, womit er für seine Aktivitäten auch jederzeit zur Verantwortung gezogen werden kann.

Als Kontrollinstanz fungieren Senat oder Repräsentantenhaus. Diese sind in bestimmten Fällen mit einem Vetorecht ausgestattet, dieser Form der Demokratie würde ich persönlich aufgrund der höheren Effizienz und Transparenz den Vorzug geben. In Österreich hat der Bundespräsident jedoch vorwiegend repräsentative Aufgaben, mit den Regierungsgeschäften hat er im Prinzip nichts zu tun.

Und der Bundeskanzler – der ja theoretisch der Regierung vorsteht – darf innerhalb der Bundesregierung lediglich Koordinationsaufgaben wahrnehmen, er hat keinerlei Weisungsbefugnis gegenüber den einzelnen Ministern, was ihn, sarkastisch ausgedrückt, auf eine Art »Edel-Hausmeister« reduziert.

Solche Dinge zählen zu den vielen kleinen Sandkörnern im Getriebe, die in Summe dann irgendwann das Rad zum Stocken bringen.

Aber was versteht man grundsätzlich unter einer politischen Partei?

Hier die Definition aus dem Lexikon: »Politische Parteien sind Gruppen von Gleichgesinnten mit ähnlichen politischen Vorstellungen, die auf staatlicher Ebene nach Einfluss und Macht streben, um die politische Willensbildung zu bestimmen und gemeinsame politische Vorstellungen zu verwirklichen.«

Also im Prinzip nichts anderes als eine Lobby, für die es allerdings eine gesetzlich verankerte Grundlage gibt: Das Parteien-Gesetz aus dem

Jahre 1975. Darin wird im Prinzip die freie Bildung von Parteien garantiert sowie die gesetzliche Möglichkeit geschaffen, Parteien, welche sich nicht zur demokratischen Grundordnung bekennen oder deren Parteiprogramm gegen eine Bestimmung des Strafgesetzes (zum Beispiel gegen das Wiederbetätigungsgesetz) verstößt, zu verbieten.

Nachstehend nun ein kurzer Überblick über die wichtigsten politischen Parteien in Österreich:

Sozialdemokratische Partei Österreichs – SPÖ

Die SPÖ ist hierarchisch aufgebaut.

Als unterste Ebene fungiert die Ortsorganisation, die gemeinsam mit den einzelnen Sektionen die Bezirksorganisation bildet.

Die Gesamtheit der Bezirksorganisationen bildet dann in jedem Bundesland die Landesorganisation.

Die Geschichte der Partei geht auf Viktor Adler zurück, der 1888/89 die verschiedenen Splittergruppen der Arbeiterbewegung zur »Sozialdemokratischen Arbeiterpartei« vereinigte. 1945 konstituierte sich die Partei als »Sozialistische Partei Österreichs« und wurde später in »Sozialdemokratische Partei« umbenannt.

Österreichische Volkspartei – ÖVP

Die ÖVP ist sowohl hierarchisch als auch bündisch organisiert.

Territorial ist sie nach Gemeinden, politischen Bezirken und nach Bundesländern gegliedert.

Als wichtigste Bünde wären der ÖAAB (Arbeitnehmerbund), der Bauernbund sowie der Wirtschaftsbund zu nennen, diese Bünde sollen die Interessen der jeweiligen Bevölkerungsgruppen vertreten. Die ÖVP wurde 1945 als Nachfolgepartei der 1891 durch Karl Lueger gegründeten »Christlich-sozialen Partei« ins Leben gerufen.

Die Freiheitliche Partei Österreichs – FPÖ

1955 entstand durch den Zusammenschluss des »Verbandes der Unabhängigen« mit der »Freiheitspartei« die Freiheitliche Partei Österreichs. Die FPÖ verfügt über Landesorganisationen in allen Bundesländern.

Die Grünen – Die Grüne Alternative

Außerparlamentarische Aktivisten, Bürgerinitiativen und Umweltschützer waren mit den existierenden politischen Parteien unzufrieden. Nach einigen Richtungskämpfen formierten mehrere grüne Bewegungen mit den grünen Alternativen die Partei »Die Grünen«, diese sind seit 1986 im Nationalrat vertreten.

Bündnis Zukunft Österreichs – BZÖ

Das BZÖ entstand 2005 durch die Abspaltung von Abgeordneten der FPÖ. Das BZÖ ist seither mit Abgeordneten im Nationalrat vertreten und verfügt über Landesorganisationen in allen Bundesländern.

Soweit diese kurze Übersicht.

Es würde nun den Rahmen dieses Buches sprengen, auf die Programme der einzelnen Parteien einzugehen.

Meiner Ansicht nach erfüllen etwa die Grünen hinsichtlich Umweltschutz und der Entwicklung alternativer Energieformen eine wichtige Aufgabe, dies sollte allerdings nicht als politische Partei organisiert, sondern als eine Art »Umweltschutzaufsicht« fix verankert sein und – vergleichbar mit dem Rechnungshof – auch Behördenstatus bekommen.

Interessant ist weiters, dass auch das politische Parteigeschehen – wie praktisch jeder Bereich in Österreich – durch öffentliche Förderungen und Subventionen geprägt ist. Jede Partei, die bei einer Nationalratswahl mindestens 1 % der gültigen Stimmen erreicht hat, hat Anspruch auf Zuwendungen zwecks Öffentlichkeitsarbeit (sozusagen ein Zuschuss zu den Wahlkampfkosten) und erhält öffentliche Mittel im Verhältnis der erzielten Stimmen.

Demokratie und Meinungsvielfalt – alles gut und schön, aber müssen wirklich irgendwelche Splittergruppen, die nie und nimmer eine Chance auf ein Nationalratsmandat haben, mit öffentlichen Steuergeldern subventioniert werden?

Wenn man nun das politische Geschehen beleuchtet, darf man einen wichtigen Faktor nicht außer Acht lassen: Die Medien.

Speziell in der österreichischen Innenpolitik ist deren Macht nicht zu unterschätzen. Denn Parteien und Medien stehen zueinander in Beziehung. Einerseits gibt es mitunter eine Nähe zwischen politischen Parteien und einzelnen Medien (so war der österreichische Rundfunk »ORF« lange Zeit eindeutig einer bestimmten politischen Partei zuordenbar), andererseits können Medien das politische Geschehen natürlich maßgeblich beeinflussen, indem sie bestimmte Themen öffentlichkeitswirksam behandeln.

Je nach dem Blickwinkel, der durch die Medienberichterstattung eingenommen wird, entsteht dann ein entsprechendes Stimmungsbild in der Bevölkerung, dies kann im Extremfall durch Verschweigen oder Manipulieren bestimmter Sachverhalte zu einer tendenziell sehr einseitigen Berichterstattung führen.

Dies sollte in einem demokratischen Rechtsstaat allerdings nicht vorkommen. Denn eines ist klar, das Volk ist auf die Berichterstattung durch die Medien angewiesen, daran hat sich auch durch das Internet – welches ja ebenfalls ein Medium ist – nichts geändert.

Nun kann ein Bericht über Wesen und Selbstverständnis der österreichischen Politik natürlich nicht vollständig sein, wenn man nicht auch die Vergangenheit beleuchtet.

Die Art und Weise wie Österreich es geschafft hat, nach dem Zweiten Weltkrieg trotz historisch erwiesener Mitschuld wieder ein souveräner, unabhängiger Staat zu werden, ist außerdem ein Musterbeispiel dafür, wie die spezielle »österreichische Diplomatie« dem Land und seinen Bewohnern hin und wieder auch von Nutzen sein kann.

Wir erinnern uns: Österreich wurde nach dem Ende des Zweiten Weltkrieges von den alliierten Mächten USA, Sowjetunion, England und Frankreich zunächst gemeinsam verwaltet, was zu einer Aufteilung des Landes führte. Vor allem die Sowjets wurden allerdings von der Bevölkerung eher als Besatzer, denn als »Befreier« empfunden, wie zahlreiche Berichte über Vergewaltigungen und Plünderungen belegen.

Da ein viergeteiltes Österreich keinem der Beteiligten wirklich etwas nützte und auch für das Land selbst eine Bürde darstellte, suchte man auf diplomatischem Weg nach einer Lösung, wobei sich vor allem die Sowjetunion stets querlegte, wenn es darum ging, Österreich seine volle Souveränität wiederzugeben.

Schließlich gelang es, den damaligen sowjetischen Staatschef nach langen Verhandlungen soweit zu »präparieren«, dass er der Unabhängigkeit unter dem Vorbehalt einer immerwährenden Neutralität Österreichs zustimmte.

Was ich mit »präparieren« meine? Nun, der Sowjet-Chef wurde auf die Unterzeichnung des Staatsvertrages – welcher Österreich die Freiheit brachte – in den Räumlichkeiten einer renommierten Wiener Weinkellerei »eingestimmt.« Wer die Wiener Heurigen-Mentalität kennt, weiß, was das heißt.

Somit konnte am 15. Mai 1955 der Staatsvertrag unterzeichnet werden und Österreich war frei.

Besagte immerwährende Neutralität existiert für Österreich im Grunde bis zum heutigen Tag und ist natürlich für die Integration in eine internationale, westliche Staatengemeinschaft nicht gerade förderlich.

Wobei sich schon grundsätzlich die Frage stellt, ob eine derartige Neutralität nach der Beendigung des »Kalten Krieges« zwischen Ost und West überhaupt noch sinnvoll ist.

So wurde diese auch inzwischen – mit Zustimmung Russlands – in eine sogenannte »differenzielle Neutralität« umgewandelt.

Diese besagt, dass Österreich zwar nach wie vor keinem Militärbünd-
nis beitreten und sich an keinen Kriegshandlungen beteiligen darf, allerdings darf sich Österreich nunmehr nach Artikel 23f des Bundesverfassungsgesetzes an der gemeinsamen Verteidigungspolitik der Europäischen Union in Form von Wirtschaftssanktionen gegen ein Dritt-
land beteiligen sowie an militärischen Einsätzen mitwirken, welche der
Friedenserhaltung dienen und durch die Vereinten Nationen (UN) le-
gitimiert sind.

Sechstes Kapitel

Minderheiten und Moloche

*Der Wert eines Menschenlebens – Behinderung von Amts wegen – Ärzte und Mensch-
lichkeit – mit Beharrlichkeit zum Ziel – Lobbys und Moloche in Österreich – das Ar-
beitsamt und seine Tricks – die kranken Kassen – Realitätsverweigerung bei der
Sozialversicherung – die Gewerkschaft, ein zahnloser Riese – alt, aber ertragreich: das
Glücksspielmonopol – Sparmaßnahmen beim Staatsrundfunk – eine ewige Misere: die
Post – das Bankwesen in Österreich*

Wie heißt es: Die Entwicklungsstufe einer Gesellschaft erkennt man
daran, wie diese mit ihren Schwächsten umgeht.

In den USA zählt ein Menschenleben alles, in manchen Ländern der
Dritten Welt zählt ein Menschenleben nichts.

Und in Österreich? Nun, auf den ersten Blick nimmt man an, dass
Österreich wie in so vielen Bereichen auch hier eher im Mittelfeld zu
finden ist. Aber eben nur auf den ersten Blick, denn wie immer sind
die wahren Missstände sehr gut getarnt und verborgen. In den USA
beispielsweise wird eine Mutter, welche ein Kind mit einer Behinderung – welcher Art auch immer – zur Welt bringt, sofort im Spital entsprechend informiert, was getan werden kann. Sie wird an Selbst-
hilfegruppen vermittelt, welche aktive Unterstützung anbieten.

Hierzulande ist das jedem egal, denn »da kann man eben nichts machen.« Auch wird in Österreich ein Kind mit einer Behinderung vor
allem im ländlichen Bereich stigmatisiert, da Teufels- und Aberglaube
noch immer sehr verbreitet sind.

Eine Mutter, welche ein gehandicaptes Kind – oder, wie es eigentlich
heißen sollte, ein Kind mit besonderen Bedürfnissen – zur Welt gebracht hatte, ist unlängst anlässlich einer Kontrolluntersuchung im Spital von der behandelnden Ärztin mit den aufmunternden Worten »Ihr
Kind ist eine komplette Missgeburt« bedacht worden. Nett, nicht
wahr? Oh, du charmantes Österreich ...

Hierzulande wird man von den behandelnden Ärzten eben als Mensch grundsätzlich nicht wahrgenommen – höchstens als medizinischer »Casus.«

»Sehen Sie sich diesen Fall an«, hört man dann den Herrn Professor zu seinem Kollegen sagen, während man selbst wie ein Idiot auf diesem Stuhl sitzt, mit irgendeiner Klemme im Mund und sich nicht rühren kann. Es kann auch vorkommen, dass der Herr Oberarzt während der Untersuchung mit der linken Hand angestrengt in seinem Terminkalender blättert, weil er herausfinden will, warum er morgen »schon wieder eine Nase operieren muss« und gleichzeitig mit der anderen Hand fröhlich in den Eingeweiden des Patienten stochert. Ein sehr angenehmes, vertrauenerweckendes Gefühl.

Eines muss leider gesagt werden: Menschlichkeit und Herz – also jene Empathie, welche man von jemandem, der den Eid des Hippokrates geleistet hat, eigentlich erwarten sollte – sind in Österreichs Spitälern und Arzt-Ordinationen leider weitgehend unbekannt.

Diesen Mangel an echter Menschlichkeit kann man in vielen Bereichen wahrnehmen, auch bei der sozialen Absicherung, die in Österreich ja so mustergültig sein soll. Dass in Österreich nur derjenige eine Leistung erhält, der einen »Anspruch« hat, dessen Fall also in den Sozialgesetzen definiert ist, haben wir bereits gehört. »Kein Anspruch« bedeutet also: kein Anrecht auf die entsprechende Leistung, auch wenn der Betreffende diese noch so dringend benötigen sollte.

Vor einiger Zeit las ich ein hervorragendes, berührendes Buch meiner deutschen Autorenkollegin Sylvia B., in welchem sie ihren jahrelangen, heroischen Kampf gegen eine heimtückische Krankheit namens »morbus menière« beschreibt. Es handelt sich dabei um eine äußerst seltene Erkrankung des Innenohres, welche zu Schwindelanfällen und schwerer Übelkeit führt, und zwar in Form von regelrechten Anfällen. Nun, in Österreich wird sich jemand mit einem derartigen Leiden neben den rein medizinischen Problemen auch noch dem massiven Unverständnis seiner Umgebung ausgesetzt sehen. Auch scheuen sich hierzulande Ärzte oft, Diagnosen zu stellen, wenn diese etwas von der „üblichen Norm" abweichen, was dann auch dazu führen kann, dass man durch das soziale Netz fällt. »Es tut uns leid, aber da können wir leider nichts machen, Sie haben keinen Anspruch«, ist in so einem Fall die stereotype Antwort der zuständigen Behörden. Es existieren in Österreich auch kaum private Hilfsorganisationen oder Initiativen, da davon ausgegangen wird, dass ohnehin jeder Notleidende vom Sozialsystem des Staates aufgefangen wird.

Man hat in so einem Fall nur eine Chance: Beharrlichkeit. Wenn man immer wieder vorspricht, nicht aufgibt und dem Referenten entsprechend auf den Nerv geht, dann besteht eine gewisse Chance, dass die Behörde irgendwann ihren Widerstand aufgibt und den Antrag im Wege einer „Nachsicht" oder eines „individuellen Ermessens" doch genehmigt. Das Problem dabei ist, dass vor allem jene Menschen, die sich in einer wirklichen Notsituation befinden, oft nicht die Kraft haben, in einem derartigen Kleinkrieg mit der Behörde die Oberhand zu behalten.

Somit sind wir schon mitten drin in unserem Bericht über jene Strukturen, welche die wahre Macht in Österreich in den Händen halten: Jene mächtigen Lobbys und sonstige – teilweise vom Staat selbst geschaffene – Moloche.

Aber wie entsteht so etwas überhaupt? Nun, eigentlich waren diese Strukturen ursprünglich als reine Interessensvertretungen gedacht, sie bilden sich stets dann, wenn eine große Zahl von Personen entweder von einem Problem betroffen ist oder das gleiche Ziel verfolgt. Je größer diese Zielgruppe, desto mehr Menschen können über diese Schiene angesprochen werden und desto größer wird deren Lobby daher werden. Dies stellt für einen Politiker einen wichtigen Indikator dar, denn je größer eine Interessensvertretung wird, desto mehr Wählerstimmen kann er für sich verbuchen, wenn es ihm gelingt, die betreffende Lobby für sich zu gewinnen.

Lobbys sind meist in der Wahl ihrer Mittel nicht zimperlich – manche schrecken auch nicht davor zurück, Politiker mit entsprechenden Mitteln unter Druck zu setzen.

Auch die Bildung von Kartellen ist in Österreich sehr beliebt. Dabei handelt es sich um die primär wirtschaftliche Komponente dieser Art von Machtausübung, wobei versucht wird, durch Zusammenschluss von Unternehmen oder anderen Gruppierungen eine wirtschaftlich marktbeherrschende Stellung zu erlangen, wobei jedes Unternehmen für sich rechtlich selbstständig bleibt. Das so entstandene Kartell versucht nun in der Regel eine Art Monopolstellung zu erlangen, was oft auch gelingt.

Aber, werden Sie jetzt vielleicht einwenden, das ist doch keine österreichische Erfindung, diese Vorgehensweise ist international absolut üblich! Das mag schon sein, allerdings gibt es da einen kleinen, aber feinen Unterschied. Wenn sich Unternehmen international zusammenschließen, weil sie den Markt beherrschen wollen, dann werden sie danach streben, so mächtig und einflussreich wie möglich zu werden, sie werden ihre Macht aber kaum gegen Wehrlose richten. Und in Österreich?

Hier wird man sich mit dem Erreichten sofort zufrieden geben, wird zum Heurigen feiern gehen – und wird die neu erlangte Macht sofort gnadenlos und mit einem zynischen Lächeln auf den Lippen ausspielen. Und zwar gegenüber allen, die sich dies gefallen lassen – oder gefallen lassen müssen.

Wenn derartige Strukturen nun ausarten und stets weiter ausufern, so wird dies in Österreich üblicherweise als »Moloch« bezeichnet. Als Beispiel kann das Arbeitsamt angeführt werden, welches in Österreich als »Arbeitsmarktservice« bezeichnet wird.

Zielgruppe: Personen, die keiner Erwerbstätigkeit nachgehen, aber eine Arbeit suchen. Da nun Österreichs Wirtschaft hauptsächlich vom Fremdenverkehr abhängig ist, sind nur unzureichende Voraussetzungen für Arbeitsplätze außerhalb der Tourismusbranche vorhanden. Da wertschöpfende Stabilisatoren wie eine Industrieproduktion überdies fast völlig fehlen, ist eine derartige Volkswirtschaft auch wesentlich krisenanfälliger, da in schwierigen Zeiten vor allem bei Urlaubs- und Geschäftsreisen verstärkt gespart wird, was die Fremdenverkehrsbranche natürlich zu spüren bekommt.

Und da in Österreich überdies aus Prinzip fast alles verboten ist, womit man irgendwie Geld verdienen kann – denn dies könnte ja die Bürger wohlhabend machen, was wiederum die Gefahr des Aufbegehrens heraufbeschwören würde – gibt es zur klassischen Vollzeitbeschäftigung, etwa im Bank- oder Versicherungssektor, kaum echte Alternativen. In diesen Bereichen wurde jedoch jahrzehntelang keine echte Wertschöpfung erwirtschaftet, sondern bloß vorhandene Ressourcen umverteilt – eine Tatsache, für welche die österreichische Wirtschaft nun die Rechnung präsentiert bekommt und zwar in Form eines entsprechenden Anstiegs bei den realen Arbeitslosenzahlen. Da Arbeitslose jedoch keine Lobby hinter sich haben, welche ihre Interessen vertritt und sie auch über ein geringes gesellschaftliches Ansehen verfügen, sind sie in einer derartigen Entwicklung zu einem hohen Grad fremdbestimmt. Leider kann man oftmals seitens des Arbeitsamts die Auffassung wahrnehmen, die meisten Arbeitsuchenden seien Betrüger oder wenigstens Faulpelze, die ohnehin einer Schwarzarbeit nachgehen und im schlimmsten Fall überhaupt im Ausland leben und sich in Österreich nur die »Stütze« abholen kommen. Dass es auch Arbeitslose gibt, die wirklich arbeiten wollen, aber beruflich einfach Pech gehabt haben, weil zum Beispiel ihr Arbeitgeber insolvent wurde – das will das Arbeitsamt oft nicht wahrhaben.

Traurig stimmt einen ferner, dass man diese Vorurteile auch verstärkt innerhalb der öffentlichen Meinung wahrnehmen kann.

Es gab und gibt zweifellos immer Personen, welche dazu neigen, ein Sozialsystem auszunutzen und es sich in der »sozialen Hängematte« auf Kosten der Allgemeinheit bequem zu machen, aber deshalb kann man doch nicht alle in einen Topf werfen!

Aber vielleicht ist diese Vorgehensweise ja auch gewollt, damit möglichst viele Arbeitsuchende davor zurückschrecken, Arbeitslosengeld oder Notstandshilfe zu beantragen.

Das wäre nichts Ungewöhnliches, denn diese Strategie der Abschreckung ist in Österreich durchaus üblich, wie man auch bei den Krankenkassen sehen kann. Dort wurde eine absolut perfide Methode entwickelt, um Kosten zu sparen. Jeder Antrag auf Kostenübernahme für Heilbehelfe oder Zuerkennung einer Geldleistung wird zunächst einmal abgelehnt und zwar ausnahmslos. Ich kenne persönlich den Fall eines Patienten, der nach einem Unfall an den Rollstuhl gefesselt war und überhaupt nur mehr eine Hand bewegen konnte. Obwohl der Grad seiner Behinderung offensichtlich war und auch ein medizinisches Gutachten dies bestätigte, wurde sein Antrag auf Pflegegeld in erster Instanz abgelehnt.

Natürlich gibt es Möglichkeiten, seine Ansprüche trotzdem durchzusetzen und zu seinem Recht zu kommen. Man kann einen Anwalt engagieren und im so genannten »Außer Streitverfahren« die Klage einbringen. Dies bedeutet vereinfacht gesagt, dass einem als Kläger für den Fall, dass der Prozess verloren wird, keine Kosten erwachsen.

Wenn man diesen Schritt setzt, bestehen gute Chancen, dass man sich durchsetzt, denn meist kommt es gar nicht zu einer gerichtlichen Auseinandersetzung, da die Behörde in der Regel sofort nachgibt – ihr ist ja klar, dass sie im Unrecht ist – und die Leistung zuerkennt, sobald ein Anwalt im Spiel ist.

Allerdings scheuen viele Menschen davor zurück, weil sie gegenüber Anwälten und Gerichten eine gewisse Hemmschwelle haben, auch spielen Anwalts- und Verfahrenskosten natürlich eine Rolle, auf denen der Kläger oft zumindest teilweise sitzen bleibt.

Das Grundübel ist auch hier wieder ein Gesetzgeber, welcher es versäumt, eindeutige Verhältnisse zu schaffen.

Dies gibt beispielsweise dem österreichischen Verband der Sozialversicherungsträger die Möglichkeit, über eine Kostenübernahme nach eigenem Gutdünken zu entscheiden. Als würden wir uns noch in den Fünfziger Jahren des vorigen Jahrhunderts befinden, refundiert man beispielsweise bei einem Rettungseinsatz nur die reinen Fahrtkosten des Krankentransportes, weil eben früher ein Rettungseinsatz im Prinzip nichts anderes als eine Transportfahrt zum nächsten Krankenhaus darstellte.

Mittlerweile haben sich Notärzte allerdings – egal ob per Auto oder

Helikopter – zu mobilen High-Tech-Ambulatorien entwickelt, die darauf ausgerichtet sind, einen Patienten auf hohem Niveau medizinisch erstzuversorgen und zu stabilisieren, denn durch entsprechend schnelles und effektives Handeln kann hier unter Umständen ein Menschenleben gerettet werden. Dass dies eben auch erhöhte Kosten verursacht, hat der Sozialversicherungsträger leider noch immer nicht registriert und mangels gesetzlicher Vorgaben kann er über diese Dinge auch frei entscheiden.

Aber auch andere Institutionen können durchaus einiges zur allgemeinen Verdrießlichkeit beitragen. Der Österreichische Gewerkschaftsbund (ÖGB) zum Beispiel. Obwohl in den vergangenen Jahren etwas »zahnlos« geworden, ist er noch immer recht umtriebig. Bei dem Verein existiert ein Kuriosum, welches in einer Demokratie eigentlich unfassbar ist: Die Pflichtmitgliedschaft bei einer politisch motivierten Vereinigung.

Ich selbst war vor etlichen Jahren bei einer großen österreichischen Konsumgenossenschaft als IT-Organisator beschäftigt gewesen. Bei meinem Dienstantritt wurde ich im zuständigen Personalbüro wie folgt instruiert: »So, hier auf diesem Blatt bekomme ich von Ihnen noch eine Unterschrift, das ist der Mitgliedsantrag für die Gewerkschaft.« Ich informierte mein Gegenüber, dass es nicht in meiner Absicht läge, Gewerkschaftsmitglied zu werden. Daraufhin erhielt ich die Auskunft, dass eine Weigerung nicht akzeptiert werde, denn jeder, der mit dieser Genossenschaft ein Dienstverhältnis eingeht, müsse der Gewerkschaft beitreten, dies sei unumgänglich.

Auf meine Entgegnung, dass ich in keinem Fall Mitglied werden möchte, erwiderte der Personalchef nur, alles was er tun könne, sei einen Vermerk auf der automatisch erstellten Anmeldung anzubringen, dass eine Mitgliedschaft von mir nicht gewünscht werde, alles weitere würde man dann schon sehen ...

Ich bestand auf diesem Vermerk und wartete gespannt, was nun weiter geschehen würde. Nun, es geschah überhaupt nichts, auf meiner Gehaltsabrechnung wurde der Gewerkschaftsbeitrag einfach abgebucht und dies, obwohl ich überhaupt nichts diesbezüglich unterschrieben hatte, im Gegenteil, ich hatte sogar schriftlich meine Ablehnung deponiert. Ich nenne so etwas Zwangsmitgliedschaft.

Wenn ich mir einen Anwalt genommen hätte und vor Gericht gezogen wäre, hätte ich sicher gewonnen und die hätten meine Mitgliedschaft wieder stornieren müssen, aber wer will schon ständig vor Gericht streiten und noch dazu wegen so einer relativen Kleinigkeit?

Besonders leicht haben es Moloche in Österreich vor allem dann, wenn der Geschäftsbereich in dem sie tätig sind, nicht unbedingt das Wohlwollen der Öffentlichkeit genießt. Das Arbeitsmarktservice ist – wie bereits erwähnt – so ein Fall, denn Arbeitslose sind als vermeintliche Faulpelze gesellschaftlich geächtet.

Aber auch Waffenbesitzer fallen in diese Kategorie. Mögen diese ihre Waffe auch vollkommen legal besitzen, mit Waffenbesitzkarte, Waffenführerschein und allem Drum und Dran, es ändert nichts an der Tatsache, dass privater Waffenbesitz einer breiten Öffentlichkeit eher suspekt ist. Dies erleichtert der zuständigen Behörde die Willkür, man braucht dann dem Betreffenden die Waffe nur unter irgendeinem Vorwand einfach abzunehmen und der Fall ist erledigt. Der gelernte Österreicher nickt wohlwollend dazu, denn »das wird schon seine Richtigkeit haben.«

Es gibt noch eine Gruppe, welche in diese Kategorie fällt: Spieler. Genauer gesagt: Glücksspieler. Noch genauer: Jene, manchmal wirklich bedauernswerten Geschöpfe, welche das Pech hatten, ins Fadenkreuz des österreichischen Glücksspiel-Monopolisten zu geraten.

Damit meine ich nicht die Gefahr, in derartigen »Etablissements« unter Umständen sein ganzes Geld zu verspielen. Dies ist auf jeden Fall eine Frage der persönlichen Disziplin und eines entsprechenden Charakters, rechtzeitig mit dem Spiel aufhören zu können. Angeblich soll es ja Menschen geben, die unter Spielsucht leiden, aber ich bin da eher skeptisch, denn Spielsucht ist schwierig zu diagnostizieren und oft steckt wohl einfach die Hoffnung dahinter, mit einem entsprechenden medizinischen Gutachten in der Tasche vor Gericht das verspielte Geld zurückerstattet zu erhalten.

Nein, mir geht es um das starre Festhalten am österreichischen Glück-spiel-Monopolgesetz, denn obwohl es in Zeiten der Globalisierung und des Internets üblich ist, seine Einkäufe weltweit per Mausklick zu tätigen, herrschen beim Glücksspiel und bei Sport-Wetten noch immer die alten, verkrusteten Strukturen vor. Das betreffende Monopolgesetz verbietet in Österreich nämlich die Teilnahme am internationalen Wett- und Glücksspielangebot – auch im Internet, was dem österreichischen Monopolisten natürlich entsprechende Einnahmen sichert.

Aber auch der österreichische Staatsrundfunk (ORF) soll in einem Kapitel, in dem es um Moloche und Kraken geht, nicht unerwähnt bleiben. Obwohl der ORF in den letzten Jahren einiges von seiner ursprünglichen Arroganz verloren hat, ist er noch immer ein Notstandsgebiet, was Planung und Weitsichtigkeit betrifft. Da wurden vor einigen Jahren die zahlreichen freien Mitarbeiter, welche per Werksvertrag den Großteil der redaktionellen Arbeit erledigten, allesamt in ein fixes Angestelltenverhältnis übernommen, was die – ohnehin bereits überhöhten – Personalkosten beim ORF weiter ansteigen ließ.

Dann erfolgte die Kehrtwendung. Getreu der Devise »zu wenig und zu viel, das ist des Narren Ziel« wurde nun ein großer Teil der fest angestellten Mitarbeiter einfach gekündigt, was natürlich mit entsprechenden Abfindungszahlungen – in Österreich ist dies gesetzlich geregelt – verbunden ist. Mit etwas Weitblick hätte man diese Entwicklung wohl vermeiden können.

Aber eines der frechsten und arrogantesten Ungetüme ist nach wie vor die österreichische Post. Obwohl diese mittlerweile in eine Aktiengesellschaft umgewandelt und damit »privatisiert« wurde, hat sich an der Misere nicht wirklich etwas geändert.

Zum einen handelte es sich dabei nur um eine Scheinprivatisierung, da der österreichische Staat weiterhin Mehrheitseigentümer bleibt, und zum anderen erweisen sich die Strukturen bei dem Verein derart verkrustet und verrottet, dass eine Sanierung kaum möglich scheint.

Das Problem: Wenn man den Laden komplett auseinandernehmen würde – was man eigentlich tun müsste – dann hätte dies zur Folge, dass die Postzustellung in ganz Österreich stillstehen würde. Und einen Parallelbetrieb aufzubauen (wie man es in der Privatwirtschaft bei einer EDV-Umstellung tun würde) ist bei einer derart komplexen Verteilungslogistik wohl auch kaum möglich.

Somit ist die Situation wohl ziemlich verfahren und es würde wohl echter Sanierungs-Spezialisten bedürfen, hier eine effektive Verbesserung zu bewirken. Auch die gehandhabte Vorgehensweise, »Problem-Postboten« in bestimmte Rayone strafzuversetzen, erleichtert die Angelegenheit nicht unbedingt.

Ein paar Beispiele die Leistungsfähigkeit der österreichischen Post betreffend: Ein kleines Paket braucht sechs Tage von Niederösterreich nach Wien, aus Süddeutschland vergehen über zehn Tage, bis man es in Wien in Empfang nehmen kann.

Des weiteren werden öfters Briefe, die korrekt und klar lesbar adressiert sind, einfach in die falschen Postkästen einsortiert, die Bürger helfen sich in der Not mit einer Art »Schwarzem Brett«, wo sie die falsch zugeordnete Post untereinander austauschen.

Briefe, darunter auch Einschreiben und Gerichtskorrespondenz, verschwinden mitunter auf Nimmerwiedersehen.

Beschwerden bei der Postdirektion bringen wenig, entweder bekommt man gar keine Antwort oder es wird versichert, man werde sich darum kümmern – es ändert sich allerdings nichts.

Erst die Intervention engagierter Journalisten und ein entsprechender Bericht in den Medien kann dem Postfuchs etwas auf die Sprünge helfen, allerdings ohne Langzeiteffekt.

Natürlich haben auch diese Missstände in längst vergangener Zeit ihren Ursprung, als die Postboten hierzulande noch als »Post-Oberoffiziale« bezeichnet wurden. Mehr braucht man dazu wohl nicht zu sagen.

Nun, zum Abschluss dieses doch schon recht langen Kapitels, möchte ich noch einen Bereich erwähnen, ohne den eine Aufstellung über Moloche und Imperien in Österreich einfach nicht vollständig wäre. Es handelt sich um die österreichischen Banken.

Diese haben sich im Finanzbereich innerhalb Österreichs eine Machtposition geschaffen, die ihresgleichen sucht.

Es liegt in der Natur des Bankwesens, Geld zu verleihen und Kredite stellen für eine funktionierende Wirtschaft auch eine absolute Notwendigkeit dar. Dass sich die Banken ihre Tätigkeit auch entsprechend honorieren lassen, wäre bis zu einem gewissen Grad ebenfalls nachvollziehbar, schließlich tragen sie ein nicht unbeträchtliches Risiko und haben diverse gesetzliche Auflagen zu erfüllen.

Nicht mehr verständlich wird es allerdings, wenn Banken die Kosten für ihre Kapitalreserven, über welche sie aus Liquiditätsgründen verfügen müssen, vollständig an die Bankkunden weitergeben und bei einer ungünstigen Marktlage einfach ihre Sparbuchzinsen senken und die Kreditzinsen erhöhen, meist ohne dies nach kaufmännischen Gesichtspunkten eingehend überprüft und kalkuliert zu haben. Auch ist es ein »offenes Geheimnis«, dass sich Banken hierzulande absprechen und im Sinne einer Kartellbildung eine gemeinsame Vorgehensweise wählen.

Auch sind die Banken sofort zur Stelle, wenn irgendwo etwas Neues entsteht oder etwas Aufsehenerregendes passiert, was einerseits aufgrund ihrer Funktion als Kreditgeber und Finanzintermediäre verständlich ist, andererseits aber auch einer geschickten Marketing-Strategie entspringt.

Ob eine neue Verkabelungstechnologie entwickelt wurde, ein Megatower eröffnet wird oder ein österreichischer Ski-Rennfahrer außergewöhnliche Erfolge feiert: Die Banken sind stets medienwirksam präsent, kaufen Unternehmensanteile – oft unter Ausnützung einer Notsituation – um ein Butterbrot auf und bauen solcherart ihre monopolartige Machtstellung stets weiter aus. Fehlinvestitionen und riskante Bankgeschäfte wurden stets mit dem Hinweis auf die hervorragenden Margen, welche der Bankensektor in Österreich habe, abgetan.

Interessanterweise liefen dann ausgerechnet die Bankmanager als eine der Ersten zum Staat, um für ihre durch die Konjunkturprobleme in Osteuropa plötzlich »notleidend« gewordenen Finanztransaktionen eine staatliche Unterstützung zu verlangen.

Welche sie auch bekamen.

Die Komplexität der Hierarchie und die extrem langen Entscheidungswege im österreichischen Bankwesen erinnern an die Situation in der öffentlichen Verwaltung.

Damit nun kein Missverständnis entsteht, es ist klar, dass Banken als Finanzdienstleister und Kapitaltransformatoren in jeder Volkswirtschaft eine wichtige Funktion erfüllen. Nur hat sich in Österreich eben wieder einmal in landestypischer Art und Weise ein Machtapparat entwickelt, der seine Möglichkeiten entsprechend zu nutzen weiß. Denn Kostenbewusstsein war bei österreichischen Kreditinstituten nie ein wirkliches Thema, eher im Gegenteil. Die Banken sahen sich als regionale Arbeitgeber, die Höhe ihrer Personalkosten spielte für sie keine Rolle.

Auch wenn die oft kurze und nicht vorhersehbare Laufzeit von Zinsgeschäften eine vorausschauende Kalkulation zweifellos erschwert: Wenn die Banken nach dem alten Grundsatz »Spare in der Zeit, dann hast du in der Not« gehandelt hätten, wären in schlechteren Konjunkturzeiten ausreichende Reserven vorhanden und es wäre nicht erforderlich, Steuergelder in Form von Subventionen oder »Hilfspaketen« in Anspruch zu nehmen.

Dies wären nun die wichtigsten »Polypen« in Politik und Wirtschaft, es erhebt natürlich auch diese Aufzählung keinen Anspruch auf Vollständigkeit, wichtig war mir, die diesen Erscheinungen zugrunde liegenden Prinzipien aufzuzeigen.

Siebentes Kapitel

Titelsehnsucht und Zensur –
und warum Mozart kein Österreicher war

Jedem sein Titel – dem Ingenör ist nichts zu schwör – einmal Doktor, immer Doktor – von Denkmälern und Mozartkugeln – Zensur auf österreichisch – wie ein Wiener Ober die EU-Verfassung rettete

Ein guter Bekannter, den es privat nach Wien verschlagen hatte – er ist Deutscher – beschloss eines Tages, hier sein Abitur nachzuholen. Da er über genügend Freizeit in den Abendstunden verfügte, wählte er den Abendlehrgang an einer hiesigen Handelsakademie und hoffte, durch den Kontakt mit anderen österreichischen Abendschülern, nebenbei auch seine soziale Integration verbessern zu können.

Am ersten Abend stellte sich der Klassenlehrer wie folgt vor: »Mein Name ist Professor Wolfgang Mayerhofer, ich bin Ihr Klassenvorstand und unterrichte Sie in Deutsch und Englisch!«

Worauf er von den deutschen Schülern prompt mit »Herr Mayerhofer« angesprochen wurde, da dies in Deutschland so üblich ist und sie keine Ahnung hatten, wie man in Österreich mit einem »Klassenvorstand« umzugehen hat. Dieser wies sie sogleich scharf zurecht: »Ich unterrichte an einer Handelsakademie und lege Wert auf den Titel »Professor«, merken Sie sich das!«

»Gut«, meinte einer der deutschen Schüler, »wenn dies ihr Selbstbewusstsein hebt, kein Problem.«

Der Schüler schloss das Semester mit »nicht genügend« ab.

Womit wir schon mittendrin in einer ganz besonderen Eigenart hierzulande sind, nämlich der Trauer um den imperialen Glanz vergangener Epochen und der damit verbundenen Sehnsucht nach den klingenden Titeln vergangener Tage.

Etwas weniger pathetisch ausgedrückt: In Österreich trägt fast jeder irgendeinen Titel, denn ohne Titel bist du in Österreich nichts. Du atmest zwar, du bewegst dich, aber in Wirklichkeit bist du ein Geist, ein Gespenst, ein Frankenstein.

Wenn man beispielsweise in Wien in einem noblen Hotel Quartier zu nehmen geruht (»einchecken« tun nur diese vulgären Amerikaner), so wird man sogleich von dem zuständigen »Hofrat für Empfangsangelegenheiten« begrüßt und in die wichtigsten Regeln eingeweiht. Na schön, in einem anderen Land würde man den Herrn am Empfang wohl einfach Portier oder Concierge nennen, aber Stil bleibt Stil und das erlauchte Österreich ist nun einmal seinem Ruf als ehemaliges Kaisertum verpflichtet.

Wenn nun weiters der Wagen des Gastes in die Hotelgarage gebracht werden soll, so ist dies die Aufgabe des zuständigen »Park-Rates.« Woanders würde man den Mann einfach Boy oder Page nennen.

Womit sich nun allerdings folgende Frage erhebt: Wenn man in Österreich bereits einen Grundschullehrer mit »Herr Professor« anreden muss, wie um alles in der Welt hat man dann einen richtigen Professor, also jemanden der an einer Universität lehrt, zu titulieren?

Ein mit mir, seit längerem bekannter Dekan, klärte mich auf.

»Mindestens mit: ›Herr Professor Universitätsdozent Doktor-Doktor‹, das ist das absolute Minimum!«

Etwas anstrengend auf Dauer, aber so ist es in diesem Land nun mal. Somit ist eines klar, wer in Österreich lebt und hier etwas werden will, muss einen Titel tragen, koste es, was es wolle.

»Aber wie«, begehrte unlängst ein mit den österreichischen Sitten noch nicht so vertrauter Zuwanderer zu wissen, »komme ich denn nun an einen Titel, wenn ich nicht das Glück hatte, an einer Universität ein Studium abgeschlossen zu haben?«

Gute Frage, angeblich soll es in Wien am Mexiko-Platz ein Geschäft geben, wo man ab dreitausend Euro jeden beliebigen Titel kaufen kann, aber dabei handelt es sich wohl eher um ein Gerücht. Also, was dann?

Der Ehrendoktortitel »Dr. honoris causa« wird selbst in Österreich nur bei außergewöhnlichen Verdiensten verliehen – und dies kommt für die meisten wohl eher nicht in Frage, da man in einem normalen Erwerbsleben meist gar nicht die Möglichkeit hat, etwas derart Besonderes zu leisten.

Aber es gibt noch andere Alternativen. Sollte man selbstständig sein, also ein Geschäft, – gleich welcher Größe – betreiben und über entsprechende politische Verbindungen verfügen, so besteht die Möglichkeit, den Titel eines »Kommerzial-Rates« verliehen zu bekommen, wodurch eine verdienstvolle, kaufmännische Tätigkeit zur allgemeinen Anerkennung gelangen soll. Allerdings nur, wenn man über entsprechende Verbindungen verfügt.

Ähnliches gilt im Prinzip für alle verliehenen Titel wie Hofrat, Kanzleirat oder Ähnliches, stets sind entsprechende Beziehungen und die Geneigtheit der entsprechenden Entscheidungsträger erforderlich.

Sollten all diese Wege sich für einen als nicht gangbar erweisen, gibt es noch immer einen Ausweg: Den Ingenieurstitel.

Dieser ist nicht zu verwechseln mit dem Diplom-Ingenieur, welcher nur durch ein Studium an einer Technischen Universität erworben werden kann. Nein, der »gewöhnliche« Ingenieurstitel ist ein verliehener Titel. Da die Bezeichnung »Ingenieur« zwangsläufig einen technischen Hintergrund hat, sind auch die entsprechenden Vergabekriterien auf diesen Bereich ausgerichtet. Für den kaufmännischen Sektor, etwa für Absolventen einer Handelsakademie, gibt es leider keine entsprechende Alternative.

Um den Ingenieurstitel zu erlangen, benötigt man:

1. Das Abitur an einer Höheren Technischen Lehranstalt (empfohlen) oder an einer anderen Bildungseinrichtung (auch möglich, aber schwieriger).

2. Einen entsprechenden Praxisnachweis, welcher bestätigt, dass man beruflich längere Zeit in einer technischen Branche bzw. in einem technischen Beruf auf entsprechendem Niveau gearbeitet hat.

Am besten bittet man seinen Arbeitgeber eine diesbezügliche Bestätigung auszustellen, was dieser bei entsprechendem Wohlwollen (da haben wir´s mal wieder) auch tun wird – welche Tätigkeit wir tatsächlich in der Firma ausgeübt haben, spielt meist keine Rolle. Sodann ist beim zuständigen Magistrat ein Antrag zu stellen (immer, wenn man von einer österreichischen Behörde etwas will, ist ein Antrag erforderlich) und wenn man Glück und das Wohlwollen des zuständigen Beamten hat, bekommt man nach ein paar Wochen – und zwischenzeitlicher Bezahlung einer saftigen Gebühr – den Ingenieurstitel verliehen.

Dass all diese Titel irgendwann bis zur vollkommenen Wertlosigkeit inflationiert werden, weil einfach jeder sie trägt, liegt auf der Hand, ändert aber nichts an dem Umstand, dass einfach alle hierzulande auf Titel geradezu fixiert sind.

Interessant ist in diesem Zusammenhang auch, dass es in Österreich üblich ist, Befähigungsnachweise, Titel und ähnliche Urkunden generell auf Lebenszeit auszustellen, also ohne Ablaufdatum.

Dabei ist es egal, ob es sich um die Ausstellung eines PKW-Führerscheines handelt oder um die Absolvierung eines Medizinstudiums. Man legt die Schlussprüfung erfolgreich ab und der Fall ist erledigt. Einmal Doktor – immer Doktor, man ist sozusagen ein Denkmal auf Lebenszeit.

A propos »Denkmal.« Denkmäler erfreuen sich in Österreich überhaupt großer Beliebtheit, es gibt ihrer sehr viele, vor allem im kulturellen Bereich.

Wolfgang Amadeus Mozart ist so ein Denkmal. Ein guter Teil der österreichischen Wirtschaft lebt von ihm, jedes Jahr pilgern Horden von Touristen nach Salzburg, um das Geburtshaus des großen Musikgenies zu besichtigen. Erfreulicherweise – aus Sicht des österreichischen Staates – kaufen diese Touristen auch jede Menge Souvenirs, was die Kassen zusätzlich klingeln lässt.

Und jetzt kommt der Clou: Mozart war gar kein Österreicher! Das wussten Sie nicht? Nun, es ist wahr, denn Mozart war Salzburger und Salzburg war zu Lebzeiten Mozarts ein selbstständiges Fürstentum. Zwar war es wirtschaftlich eng mit Österreich verknüpft gewesen, aber völkerrechtlich bestand es als souveränes Fürstentum. Wolfgang Amadeus Mozart hatte auch niemals um die österreichische Staatsbürgerschaft angesucht.

Nun wäre es ja noch nachvollziehbar, wenn Österreich versucht, diesen Mozart der Welt eben als Österreicher zu »verkaufen.« Große Persönlichkeiten werden gerne als Sohn der eigenen Heimat dargestellt, sobald auch nur irgendeine Verbindung besteht, das ist normal.

Es ist auch klar, dass ein Bekanntwerden des wahren Sachverhaltes unvermeidbar nachteilige Auswirkungen auf den Fremdenverkehr – und damit auf die Staatskasse – zeitigen würde.

Nicht mehr verständlich – und typisch österreichisch – wird es allerdings, wenn seitens der Behörden ob dieses Umstandes versucht wird, wahrheitsgemäße Informationen über diesen Umstand zu verschleiern und dann noch Verkündern eben dieser Wahrheit mit Repressalien zu drohen.

Sie meinen, das gibt es nicht? Meinem Klassenlehrer an der Handelsakademie wurde mit dem Verlust seines Arbeitsplatzes gedroht, sollte er es wagen, die geschichtliche Tatsache, dass Mozart kein Österreicher war, im Unterricht zu lehren. Da besagter Lehrer jedoch ein gerechtigkeitsliebender Pädagoge war – und er darüber hinaus wohl auf eine gewisse Vorbildwirkung setzte und uns charakterliche Werte vermitteln wollte – ließ er sich dadurch nicht beirren und klärte uns Schüler gewissermaßen »jetzt erst recht« über diesen historischen Irrtum auf.

Ob dies für Ihn nun tatsächlich Konsequenzen hatte, wollen Sie wissen? Nein, Konsequenzen gab es keine. Der Lehrer wurde weder entlassen, noch irgendwelchen Schikanen ausgesetzt.

War eben alles nur Schall und Rauch, allerdings ist es meiner Ansicht nach bereits eine Unverschämtheit, eine derartige Drohung nur auszusprechen, unabhängig davon, ob diese schließlich wahr gemacht wird oder nicht.

Aber in Österreich ist man eben gewohnt, dass »die Obrigkeit« macht, was ihr beliebt.

Noch ein Wort zum Thema »Zensur.« Diese existiert in Österreich tatsächlich, wenn auch meist nur versteckt und dezent.

Beispielsweise darf die Komödie »die Bekenntnisse des Felix Pröll*« in welcher unter anderem in satirischer Weise Ratschläge erteilt werden, wie man durch cleveres Simulantentum bei der militärischen Musterung dem österreichischen Heeresdienst entkommen kann, in Österreich aufgrund einer Weisung des zuständigen Ministeriums nicht ausgestrahlt werden.

*Filmtitel geändert.

Aber immerhin gibt es in Österreich bereits seit April 1998 privates Radio, somit sind Fortschritte in Demokratie und Meinungsfreiheit unzweifelhaft erkennbar.

Und was die österreichische Diplomatie und die berühmten »Österreichischen Lösungen« betrifft: Diese Mischung aus Bauernschläue und Charme-Diplomatie wäre – richtig eingesetzt und qualitätsgesichert – durchaus die Lösung für manch verfahrene Situation und damit auch international sicher gefragt.

Um dies etwas zu illustrieren, möchte ich nun eine – fiktive – Begebenheit erzählen, die zeigen soll, welche Lebenskünstler die Österreicher in Wahrheit sind.

Da bei einer Übersetzung ins Hochdeutsche die »Würze« verloren gehen würde, habe ich den Text im wienerischen Original belassen und mir erlaubt, danach einen Auszug der wichtigsten Vokabel und deren Übersetzung anzubieten, was das Verständnis erleichtern sollte.

Aber genug geredet, wir schalten nun live in das bekannte Wiener Künstler-Café* »Hawara« welches unter anderem dadurch Berühmtheit erlangte, dass dort vor einigen Jahren ein »Nackerter« sein Wesen getrieben haben soll. Ob es sich dabei um eine tatsächliche Begebenheit gehandelt hat oder eher um einen Publicitygag, konnte allerdings nie eruiert werden.

*Ein Kaffeehaus als »Café« zu bezeichnen bedeutet in Österreich keine Abwertung, eher im Gegenteil. Vor allem, wenn eine nähere Bezeichnung angeführt ist: Künstler-Café, Literaten-Café ...

In dem geschmackvoll eingerichteten Kaffeehaus herrscht reges Treiben. Zwei jüngere Damen trinken Kaffee und unterhalten sich, ein älterer Herr – Künstlertyp mit wallendem Haar – liest versunken in der Zeitung und in der Ecke versucht ein trübsinniger Student durch Verschlucken eines Kaffeelöffels Selbstmord zu begehen. Alles also ganz normal.

Plötzlich öffnet sich die Tür und ein adrett und vornehm gekleideter südländischer Typ, dem man seine Weltgewandtheit sofort ansieht, betritt das Lokal. Der Mann ist prominent, wie wir gleich erfahren werden, es handelt sich nämlich um Señor Barolo, den bekannten und mächtigen EU-Kommissar aus Brüssel.

Er ist nicht etwa hier, um sich zu betrinken, so etwas tut ein EU-Kommissar nicht. Auch nicht, um zu plaudern.

Er ist hier, weil er sich Antworten auf seine Fragen erhofft. Ein Wiener Bekannter, dem er sein Leid geklagt hat, gab ihm den Tipp: »Gehn´s doch zum Herrn Franz, das ist der Ober im Hawara, der weiß immer Rat!« Da Señor Barolo von den Wiener Obern schon wahre Wunderdinge vernommen hatte und ihm überdies der Wiener Kaffee ganz vorzüglich mundete, beschloss er, diesen Herrn Franz aufzusuchen.

An dieser Stelle sei erwähnt, dass diese – leider aussterbende – Spezies der Ober wirklich eine alte Tradition repräsentiert und gewissermaßen als Wiener Institution angesehen werden kann.

Man erkennt einen Wiener Ober in der Regel daran, dass man stets das Gefühl hat, ihn zu stören, wenn man als Gast etwas von ihm möchte. Anders ausgedrückt: Der Gast ist für den Ober da, nicht der Ober für den Gast. Dies ergibt sich auch daraus, dass man diesen entweder mit »Herr Ober« oder mit seinem Vornamen und vorangestelltem »Herr« anzureden hat.

Ein Ober stellt also etwas Besonderes dar und dies hat seine Gründe. Das Wort leitet sich von „Oberkellner“ ab, und in der Tat, ein Oberkellner hatte eine gewisse Sonderstellung unter dem Personal. Er war nämlich jener, welcher von den Gästen die Rechnung kassierte, ergo auch das Privileg hatte, Trinkgeld einstreifen zu dürfen. Heute ist allerdings nahezu jeder Kellner auch mit einer »Inkassofunktion« ausgestattet, sodass sich diese Unterscheidung wohl erübrigt.

Aber zurück zu unserer Geschichte.

Der Herr Franz geleitet Señor Barolo an einen freien Tisch und erkundigt sich sogleich nach seinen Wünschen: »Was darf´s sein, gnä´ Herr?«

»Eine Melange, bitte«, antwortet Señor Barolo, der mit der Wiener Kaffeekultur schon gut vertraut ist.

Der Ober bringt das Gewünschte.

Erfahren und wie die meisten Ober mit einer hellseherischen Gabe ausgestattet, sind dem Herrn Franz die Sorgenfalten auf Señor Barolos Stirn natürlich nicht entgangen. Auch weiß er natürlich, dass viele Gäste vor allem deshalb kommen, um sich aussprechen zu können.

»Hamma Sorgen, Euer Gnaden?«, fragt der Ober höflich, denn angesichts einer hochgestellten Persönlichkeit pflegt sich die Arroganz eines Obers blitzschnell in servile Unterwürfigkeit zu verwandeln.

Daraufhin bedeutet Señor Barolo, der gut Deutsch spricht, dem Ober mit einer Handbewegung, Platz zu nehmen.

»Wissen Sie, die EU-Verfassung macht mir Kopfzerbrechen. Seit Jahren basteln wir daran schon herum, halten ein Referendum nach dem anderen ab und stets legt sich irgendein Mitgliedsland quer, einmal die Franzosen, dann die Polen und die Spanier. Oft ohne wirklich nachvollziehbare Begründungen.«

Der Ober überkreuzt lässig die Beine, klopft mit einer routinierten Handbewegung eine Zigarette aus der Packung und steckt sie sich an. »Mit solche Tanz´ kammaten de bei mir net durch. Denen tät´ i die Wadeln scho fire richten. Und überhaupt, Referendum und so an Lavendel, des brauchen´s alles gar net.«

Señor Barolo versteht die Welt nicht mehr.

»Aber die EU-Gesetze verpflichten mich dazu, bei derart einschneidenden Veränderungen, wie es eine Verfassung nun einmal darstellt, muss ich vorher ein Referendum abhalten.«

Nun ist es an dem Ober, gleich einmal eine Wiener Lebensweisheit von sich zu geben: »Sterben müss´ ma – des is alles «, meint er gelassen, dann entspannt sich seine Miene.

»Schaun´s, alles was Sie brauchn, is der richtige Schmäh, dann rennt des wia g´schmiert. Die richtige Strategie, comprende?«

Der EU-Kommissar ist etwas konsterniert über den Verlauf, den das Gespräch nimmt.

»Wie würden denn Sie nun die Sache anpacken, mein Herr?«

Der Herr Franz nimmt einen tiefen Zug von seiner Zigarette. »Oiso passens amal auf, de G´schicht is eigentlich ganz afoch. Sie gengan her und nehmen ihna afoch irgend an Zettl. Auf den schreibn´s Folgendes drauf: Gemeinsame Grundlagen aller Mitgliedstaaten für eine provisorische EU-Verfassung – oder so ähnlich. Was genau da steht, is im Prinzip wurscht, nur des Wort ›Verfassung‹ muass drin vurkummen.«

»Aber was soll dieses Papier denn nun beinhalten?«, will Señor Barolo verblüfft wissen.

»Immer mit der Ruhe, ans noch´n andern«, weist ihn Herr Franz zurecht.

»Auf den Zettl kommen nun die ganzen Punkte, de was in den Aki communitas oder wia des hasst, ausg´macht wurdn san.«

»Acquis communautaire – gemeinsamer Rechtsbestand«, korrigiert Señor Barolo etwas pikiert.

Der Herr Franz lässt sich nicht beirren und fährt in seinen Erklärungen fort: »Sie schreib´n also auf: Paragraph 1: Alle Mitgliedsstaaten verpflichten sich zur Einhaltung der demokratischen Grundsätze, Paragraph 2: Alle Mitglieder verpflichten sich zur Einhaltung der Menschenrechte und so weiter. Dafür brauchen´s ka Referendum, dem haben sowieso alle zugestimmt, sonst kennan´s ja net EU-Mitglied sein.«

»Ja – und was weiter?« Señor Barolo weiß nicht, ob er bereuen soll, überhaupt hergekommen zu sein.

»Passen Sie auf, jetzt kommt das Wichtigste, die sogenannte Schrumpfung«, ereifert sich Herr Franz.

Um den folgenden Ausführungen das entsprechende Gewicht zu verleihen, wechselt der Ober nun ins Hochdeutsche und demonstriert damit, dass er wirklich auf jedem Parkett zu Hause ist.

»Das ist der eigentliche Clou an der Sache: In einem mehrwöchigen Prozess über viele Sitzungen hinweg wird nun der Titel dieses Positionspapieres unauffällig solange geschrumpft, bis im Prinzip nur mehr das Wort ›Verfassung‹ dasteht. Gleichzeitig wird der Inhalt des Dokumentes sukzessive erweitert, in kleinen Schritten, damit sich keiner aufregt, das ist das Wichtigste.

Bei der Gründung der EU hat schließlich auch keiner gleich ein Referendum veranstaltet, damit eine gemeinsame Währung eingeführt wird und die Grenzen abgeschafft werden. Das wäre nämlich genauso abgelehnt worden.«

Señor Barolo spürt, wie sein Blutdruck steigt. Diese Österreicher sind tatsächlich raffiniert, unglaublich!

Er beginnt, angestrengt nachzudenken.

Das könnte tatsächlich funktionieren, denn in ein internes Konzept kann ich hineinschreiben, was ich will, da brauche ich niemanden zu fragen. Außerdem stehen am Anfang nur Dinge wie Demokratie und Menschenrechte darin, über die ohnehin Konsens besteht. Dann wird dieses Papier einfach so lange zur Diskussion gestellt und besprochen, bis sich alle daran gewöhnt haben und es nichts Besonderes mehr darstellt. Und wenn so ein Dokument erst einmal existiert, dann kann es schrittweise erweitert werden.

Mit einem verschmitzten Lächeln auf den Lippen verlässt der EU-Kommissar das Lokal und tritt gemessenen Schrittes in die Nacht hinaus.

Drei Monate später hatte die Europäische Union ihre Verfassung.

Vokabel:

Nackerter	Ein Nackter (Mann).
Gehn´s	Gehen Sie
Ober	Kellner
Was darf´s sein?	Was darf es sein?
Gnä´ Herr	Gnädiger Herr. Höfliche, fast devote Anrede. In früheren Zeiten vom Dienstpersonal gegenüber der »Herrschaft« gebraucht.
Melange	Wörtlich: Mischung. Kaffee mit Milch, meist mit Schlagsahne serviert.
Hamma Sorgn?	Haben Sie (»wir«) Sorgen?
Euer Gnaden	Traditionelle, respektvolle Anrede, aus der Monarchie stammend, früher gegenüber Adeligen gebraucht.
Mit solche Tanz´	Gemeint ist hier nicht der Tanz im wörtlichen Sinn, obwohl die Redewendung ursprünglich von »aus der Reihe tanzen« kommt. Gemeint ist: Renitent, auflehnend, widerborstig sein, Probleme verursachen.
kammaten de	Kämen die
die Wadeln fire richten	Diese Redewendung hat einen interessanten Ursprung. Früher benutzte man nämlich für den Transport von Lasten vorwiegend Maultiere. Wenn so ein Maultier nun nicht mehr weiter wollte, blieb es einfach stehen und überkreuzte die Vorderbeine. Also musste man dem Tier die »Wade(l)n« – also die Beine – händisch »fire«, also nach vorne Stellen, damit das Maultier weitertrabte.
Lavendel	unnötiges Zeug

müss´ ma	müssen wir
schaun´s	Schauen Sie
Schmäh	Schwierig zu übersetzen. Der »Wiener Schmäh« besteht aus einer Mischung aus Witz und Charme, garniert mit einer gesunden Portion Frechheit.
Wia g´schmiert muass	Wie geschmiert muss
Oiso vurkummen	also vorkommen
de G´schicht	die Geschichte
ans noch´n andern	nach dem anderen
afoch	einfach
hasst	heißt
gengan	gehen
ausg´macht wurdn san	ausgemacht worden sind
Zettl	Zettel - ein Stück Papier
kennan´s	können sie
wurscht	egal

Wenn es sich hierbei auch um eine frei erfundene Geschichte handelt, so sind derartige Camouflagen in Österreich jedoch generell äußerst beliebt. Böse Zungen behaupten, wenn ein Österreicher ein Schaf hat, aber eine Kuh braucht, hängt er dem Schaf einfach ein Schild um mit der Aufschrift »ich bin eine Kuh« – und der Fall ist erledigt.

Das ist vielleicht ein wenig überspitzt, aber im Prinzip ist da schon etwas dran.

Es sind eben richtige Lebenskünstler, diese Österreicher.

Achtes Kapitel

Das Gesundheits- und Sozialsystem

Sozialsystem und Umverteilung – die soziale Frage – soziale Absicherung gibt es nicht zum Nulltarif – der Sozialstaat: Deckmantel für die Machterhaltung – die Lücken des Sozialsystems – wie gesund ist unser Gesundheitssystem – Sparwut am falschen Platz – nur keine Verantwortung – Patientenrechte in der Praxis – wie man Mitarbeiter (nicht) freisetzt – Mobbing und andere Nettigkeiten

Österreich rühmt sich, über eines der besten und leistungsfähigsten Sozialsysteme der Welt zu verfügen.

Aber was versteht man überhaupt unter einem Sozialsystem?

Es handelt sich dabei im Prinzip um die Umwandlung eines Risikos in Kosten nach dem Versicherungsprinzip, jene, die stark, jung und gesund sind, sollen die Schwachen, Älteren und Kranken unterstützen.

Auch hier liegt dem Sachverhalt natürlich eine historische Entwicklung zugrunde. Die einsetzende industrielle Revolution sowie die zunehmende Verelendung der Arbeiter führte zu der so genannten »sozialen Frage« deren Lösung im Prinzip darin bestand, dass sich Arbeitnehmer – darunter sind nicht nur Arbeiter, sondern auch Angestellte zu verstehen – in Gewerkschaften zusammenschlossen, sich miteinander solidarisierten und des weiteren Schutzbedingungen für Arbeitnehmer sowie kollektivvertragliche Regelungen geschaffen und nach und nach gesetzlich verankert wurden.

Dazu kam, dass unter der Bevölkerung nach zwei Weltkriegen, deren Auswirkungen vor allem in Europa verheerend waren, das massive Bedürfnis nach materieller Sicherheit und sozialer Absicherung zu spüren war – ein Wunsch, welchen das Volk auch zu artikulieren wusste.

Dies führte schließlich zu jenen sozialen Mechanismen, wie wir sie in Europa heute kennen.

Jetzt wäre es an sich doch ein beruhigender Gedanke zu wissen, dass für einen gesorgt ist, wenn man einmal krank ist oder aus einem anderen Grund einfach nicht mehr arbeiten kann.

Ich habe zum Beispiel in den USA, wo eine deregulierte Marktwirtschaft herrscht, viele alte Menschen gesehen, die auch im Alter noch einer Berufstätigkeit nachgehen müssen. Einfach deshalb, weil die Menschen dort – allerdings wohl zum Teil durch eigenes Verschulden – unzureichend abgesichert sind.

Das ist die eine Seite. Die andere Frage lautet: Wer finanziert ein derartiges soziales Versorgungssystem, wer kommt für die Kosten auf?

Die Steuerzahler natürlich, wer sonst? Dies drückt allerdings – bewusst oder unbewusst – auf Arbeitsmoral und Motivation, da es nun einmal ein menschliches Grundbedürfnis darstellt, für eine erbrachte Leistung auch entsprechend entlohnt zu werden.

Da überdies der Weg bergauf immer anstrengender ist, als jener bergab, gibt es in einem derart engmaschigen Sozialsystem wie dem österreichischen immer wieder Elemente, die dazu neigen, es sich in der »sozialen Hängematte« bequem zu machen.

Natürlich sollte man Härtefälle vermeiden und sich um Menschen, die unverschuldet in Not geraten sind, auch kümmern.

Es gibt diesbezüglich auch Konzepte, die funktionieren, so zeigen uns die skandinavischen Länder vor, dass Wirtschaftswachstum und Produktivität mit einer entsprechenden sozialen Absicherung durchaus in Einklang zu bringen sind.

Allerdings ist Österreich hier wieder insofern ein Ausnahmefall, als unter dem Deckmantel des Sozialstaates ein System betrieben wird, welches rein auf eigene Machterhaltung und -entfaltung ausgerichtet ist.

Darüber hinaus verdient Vater Staat auch gut daran, und falls er doch einmal einen finanziellen Engpass erleiden sollte, so hat er ein probates Mittel dagegen parat: Er erhöht einfach die Steuern.

Dies stellt ein zwar einfaches, aber sehr wirkungsvolles Mittel zur Staatssanierung dar.

Der Staat ist in Österreich auch sehr kreativ, wenn es um das Erfinden von neuen Steuern und Abgaben geht, damit der Staatssäckel gefüllt werden kann. So wurde die Luxussteuer auf PKW zwar gemäß einer EU-weiten Richtlinie abgeschafft, allerdings wurde dafür postwendend eine »Normverbrauchsabgabe« in derselben Höhe eingeführt.

Es gibt aber für die Bürger noch einen weiteren Nachteil dieses Systems: Niemand kann sicher sein, dass ihm in einer Notlage geholfen wird, da nur dann eine staatliche Leistung ausbezahlt wird, wenn der entsprechende Fall auch in den Sozialgesetzen vorkommt, also wenn man zum Beispiel von Arbeits- oder Wohnungslosigkeit betroffen ist.

Man muss somit einer bestimmten Schublade zugeordnet werden können, um vom Staat unterstützt zu werden. Wie schon an anderer Stelle ausgeführt, gibt es immer wieder Fälle von Menschen, deren Problem in keine der Schubladen passt und die somit durch das soziale Netz rutschen, weil sie zum Beispiel an einer seltenen, schwer diagnostizierbaren Krankheit leiden und ihnen ihre Beschwerden einfach nicht geglaubt werden.

Das Tragische daran ist, dass Betroffene aufgrund ihrer Krankheit meist nicht die Kraft besitzen, sich gegen diese Ungerechtigkeit zur Wehr zu setzen, während ein Simulant – und derer gibt es leider genug – der sich ein bestimmtes Krankheitsbild zurechtgelegt hat, um sich eine staatliche Leistung oder gar die Invaliditätsrente zu erschleichen, es hier einfacher hat, denn er geht in der Regel nach einem ausgeklügelten Plan vor.

Er lässt sich zahlreiche ärztliche Atteste ausstellen (als zahlender Privatpatient ist das kein Problem), läuft mit nicht enden wollender Energie – er ist ja in Wirklichkeit kerngesund – von Amt zu Amt und sagt so lange immer wieder seinen Spruch auf, bis die Behörde irgendwann nachgibt und ihm sein Begehren bewilligt.

Irgendwie ungerecht, oder?

Österreich ist von seiner Ausrichtung her eindeutig übersozial, dies liegt in seiner Geschichte begründet. Bei einer derartigen Übersozialisierung steigt automatisch die Gefahr einer missbräuchlichen Verwendung, da die staatlichen Kontrollmechanismen irgendwann versagen, da sie die Anzahl der zu überprüfenden Fälle einfach nicht mehr bewältigen können.

Es existieren Statistiken, welche eindeutig belegen, dass über 30 % der in Österreich ausbezahlten Sozial- und Gesundheitsleistungen auf missbräuchliche Inanspruchnahme zurückzuführen sind.

Diese Hilflosigkeit der verantwortlichen Kontrollorgane und das Fehlen entsprechend zielgerichteter Mechanismen, zeigt sich auch auf einem anderen Gebiet, nämlich beim Gesundheitssystem. Es ist nun zweifellos so, dass ein »krankes Gesundheitssystem« eigentlich ein Paradoxon darstellt, allerdings lässt sich für diesen Fall wohl keine Formulierung finden, welche zutreffender wäre.

Denn mit der österreichischen Gesundheitsversorgung scheint einiges nicht zu stimmen, wobei die Gründe dafür wohl vielfältiger Natur sind.

Da ist zunächst die Sparwut am falschen Platz zu nennen, denn da sämtliche Krankenkassen eine defizitäre Leistungsbilanz aufweisen, muss nun »auf Teufel komm raus« gespart werden. Diese Einsparungen werden natürlich beim Patienten vorgenommen, er ist ja das schwächste Glied in der Kette, kann sich daher am wenigsten zur Wehr setzen.

Dies manifestiert sich unter anderem darin, dass vom zuständigen Facharzt verschriebene, und vom Patienten dringend benötigte Medikamente durch den »Chefarzt« (Kontrollarzt der zuständigen Krankenkasse) entweder gar nicht bewilligt oder zumindest mengenmäßig gekürzt werden – eine etwaige medizinische Notwendigkeit, welche zur Verschreibung des betreffenden Medikamentes geführt hat, interessiert diesen »Chefarzt« in der Regel überhaupt nicht.

Damit kein Missverständnis entsteht, Sparsamkeit finde ich notwendig und richtig, allerdings sollten die Einsparungen dort vorgenommen werden, wo es Sinn macht, zum Beispiel in der Verwaltung, nicht bei der Qualität der medizinischen Versorgung.

Dazu gehört für mich beispielsweise der verantwortungsbewusste Umgang mit Generika.

Grundsätzlich ist die Strategie sicher sinnvoll, von einem Medikament nach Ablauf der Patentfrist qualitativ gleichwertige »Kopien« herzustellen welche den identen Wirkstoff enthalten, aber günstiger sind, da keine Forschungs- und Entwicklungskosten anfallen. Allerdings sollte man sich der Tatsache bewusst sein, dass in einem Generikum die neuesten Erkenntnisse der medizinischen Forschung nicht enthalten sein können.

Bei einem Kopfschmerzpulver ist das sicherlich kein Problem, allerdings, wäre bei komplexeren medizinischen Therapien, wie etwa bei der Krebsbekämpfung, Vorsicht am Platze.

Hier gilt es, genau abzuwägen, ob man nicht doch lieber zu einem teureren, aber dafür dem aktuellen Stand der Forschung entsprechenden Pharmaprodukt greift. Ob dies allen Ärzten klar ist, wage ich zu bezweifeln, darüber hinaus klagen Mediziner darüber, von der Krankenkasse oft zur Verschreibung von Generika regelrecht genötigt zu werden, da diese eben billiger sind.

Dieses typische Rotstift-Spardenken treibt manchmal die unglaublichsten Blüten, ich habe selbst erlebt, dass manche Spitäler sich weigern, Befunde oder Arztbriefe für den Patienten auszustellen, da anscheinend Druckkosten eingespart werden sollen.

Wenn das nicht übertrieben ist ...

Nun lässt sich aber die Misere im österreichischen Gesundheitswesen bei weitem nicht nur an verfehlten Sparmaßnahmen festmachen, denn es gibt zahlreiche Faktoren, welche hier schlagend werden.

Zum Beispiel die in der österreichischen Seele tief verwurzelte Abneigung, zu einem Thema konkret Stellung zu beziehen oder für Irgendetwas, die Verantwortung übernehmen zu müssen.

Woher diese Angst genau herrührt, können wir nicht mehr zuverlässig eruieren, vielleicht stammt dies ja noch aus grauer Vorzeit, als es vor allem in Königshäusern üblich war, bereits bei dem geringsten Verdacht eines Fehlverhaltens dem entsprechenden Untertan der Kopf abzuschlagen.

Wie dem auch immer sei, wenn man hierzulande einem Beamten eine knifflige Frage stellt, wird man fast immer ein »das weiß ich leider nicht« oder »da kann ich Ihnen leider nicht helfen« zu hören bekommen. Er könnte ja versehentlich eine falsche Auskunft geben und dann Schwierigkeiten bekommen, und davor hat er Angst.

Dabei ist in der Verwaltung eine falsche Auskunft zwar ärgerlich, aber es stürzt die Welt nicht ein. Anders im Gesundheitswesen, da kann ein Fehler fatale Folgen nach sich ziehen – vor allem, wenn er dann auch noch aus Angst vor Konsequenzen verschwiegen wird.

Manchmal kann es vorkommen, dass sich ein Chirurg aus Sicherheitsgründen zum Abbruch einer Operation entschließen muss, da unter Umständen sonst lebensgefährliche Komplikationen auftreten könnten. Das ist ja noch in Ordnung und auch absolut im Sinne des Patienten. Nicht in Ordnung ist, dass – aus Angst verklagt oder sonstwie belangt zu werden – der Patient mitunter in dem Glauben gelassen wird, die Operation wäre gut und erfolgreich verlaufen. Aufgrund der Obrigkeitshörigkeit der meisten Bürger – auch Ärzte fallen in Österreich unter die »Obrigkeit« – fragen nun die meisten Patienten erst gar nicht nach und sind der festen Überzeugung, dass schon alles seine Richtigkeit haben wird.

Fatal wird es vor allem dann, wenn sich derartige Bosheiten mit traditioneller österreichischer Schlamperei vereinen.

Ein Wiener, dem der Unterschenkel amputiert worden war, erlebte eine zweimonatige Behörden-Odyssee.

Er sandte an die zuständige Magistratsabteilung ein Ansuchen um Austellung eines Ausweises für Gehbehinderte und legte auch einen Befund jenes Spitals bei, in dem die Operation erfolgt war. Doch das reichte den dortigen Bürokraten nicht, sie forderten ein weiteres Gutachten über die Behinderung.

Gehorsam übermittelte der Patient ein weiteres Attest und wartete. Auf seine telefonischen Anfragen wurde nicht reagiert, Amtsärzte waren wochenlang nicht zu erreichen. Schließlich sandte das Magistrat die Unterlagen auch noch an eine falsche Adresse. Zwei Monate dauerte es, bis der gehbehinderte Mann endlich seinen Ausweis bekam!

Der Autor dieses Buches ist weiters im Besitz eines von einem Spital in Wien ausgestellten Patientenbriefes, welcher sich auf die ambulante Konsultation einer Patientin am 1. Oktober 2008 bezieht. Ausgestellt wurde der Patientenbrief allerdings erst am 29. Dezember 2008, also rund 3 Monate später! Und das sind absolut keine Einzelfälle!

Ein Nährboden für derartige Skandale ist wohl auch die Tatsache, dass in Österreich ein Mitarbeiter – egal welche Position er oder sie in einem Unternehmen bekleidet – so gut wie niemals gekündigt werden kann. Denn egal, was er oder sie auch angestellt hat: Betriebsrat, Arbeiterkammer oder Gewerkschaft – einer dieser drei Sozialpartner erhebt in jedem Fall Widerspruch, auch scheut ein Unternehmen das Aufsehen und die damit verbundene negative Publicity.

Und sollte es tatsächlich einmal eine Firma wagen, einen von einem Mitarbeiter verursachten Schaden bei Gericht einzufordern, so hat der Richter ein Mäßigungsrecht (das bedeutet, er kann die Höhe des von dem Mitarbeiter zu ersetzenden Schadens per Gerichtsurteil herabsetzen) von dem er mit Sicherheit auch Gebrauch machen wird, weil der »arme Mitarbeiter« doch so wenig verdient und außerdem auch überlastet war. Dass der Angestellte unter Umständen seine Sorgfaltspflicht grob verletzt hat, weil es ihm einfach egal war, bleibt meist unberücksichtigt.

Wenn also ein Arbeitnehmer nicht den Fehler begeht, etwa seinen Vorgesetzten im Verlauf einer Auseinandersetzung halbtot zu schlagen oder etwas ähnlich Schwerwiegendes anstellt, kann er im Prinzip niemals freigesetzt werden.

Ausnahmen bestätigen natürlich auch hier die Regel. Ich erinnere mich an einen Fall, als es bei einer großen österreichischen Bank tatsächlich einmal geschah, dass ein Mitarbeiter – während der Betriebsrat auf Urlaub weilte – glattweg gekündigt wurde.

Was er angestellt hatte? Nun, er hatte eine Bombendrohung verfasst.

In diesem Zusammenhang stellt sich natürlich die Frage, wie man hierzulande überzählige Mitarbeiter wieder los wird, wenn man diese aus eben angeführten Gründen nicht kündigen kann, oder darf.

Genau betrachtet gibt es drei Möglichkeiten.

a.) die Pensionierung

Man schickt überzählige Mitarbeiter einfach in die Pension oder in den Vorruhestand.

Wobei es interessanterweise stets um die Anzahl der Arbeitnehmer geht, nie um deren Qualifikation. Da kann einer noch so fleißig und tüchtig sein: Wenn Personalkosten eingespart werden müssen, wird er mit stark reduziertem Bezug in den Ruhestand geschickt und Basta. Sein fauler, aber wesentlich jüngerer Kollege wird dagegen problemlos weiter beschäftigt.

b.) die Insolvenz

Dies funktioniert wie folgt: Man gründe eine Tochtergesellschaft, übernehme jene Arbeitnehmer welche man weiterhin benötigt von der Konzernmutter in die Tochtergesellschaft, melde die verbleibenden, obsoleten Mitarbeiter beim Arbeitsamt vorsorglich zur Kündigung an, damit alles seine Ordnung hat, und lasse sodann die Konzernmutter in die Insolvenz rasseln, womit man die unerwünschten Arbeitnehmer mit einem Schlag los ist.

Sollten nun all diese Methoden aus irgendeinem Grund nicht zum Ziel führen oder nicht anwendbar sein, so bleibt als letzter Ausweg noch immer:

c.) das Mobbing

Hierbei handelt es sich um die wohl niederträchtigste Variante einem Mitarbeiter kundzutun, dass man auf seine Dienste lieber verzichten möchte. Mobbing erwies sich besonders bei »hartnäckigen Einzelfällen« als sehr effektiv und ist daher entsprechend beliebt, die Vorgehensweise ist leicht erklärt:

Es wird durch Kollegen und Vorgesetzte so lange ein meist sehr subtiler Psychoterror gegen den betreffenden Mitarbeiter ausgeübt, bis dieser selbst das Handtuch wirft und von sich aus die Kündigung einreicht, wodurch sich das Unternehmen dann auch noch die Zahlung einer Abfindung erspart.

Dass Mobbing bei den betroffenen Opfern oft bleibende psychische Schäden hinterlässt und fast immer einen Verlust des Selbstwertgefühles nach sich zieht, ist den Tätern meist vollkommen egal.

Natürlich ist Mobbing gerichtlich einklagbar und theoretisch – bei Vorliegen entsprechender Erschwernisgründe – sogar strafbar. Das Problem ist hier allerdings die Beweisführung, denn Zeugen gibt es meist keine. Jedenfalls keine, die vor Gericht auch aussagen. Weshalb?

Nun, man führe sich vor Augen, was in einem Kollegen, welcher diese Intrige miterlebt hat – und der somit als Zeuge vor Gericht dafür sorgen könnte, dass die Gerechtigkeit siegt – vorgehen mag, unter welchem psychologischen Druck er steht. Er ist ja von seinem Arbeitgeber abhängig, außerdem muss er mit jenen Kollegen und Vorgesetzten, gegen die er aussagen soll, weiter zusammenarbeiten – was nicht ganz unproblematisch werden dürfte. Da ist es natürlich bequemer, einfach nichts gesehen zu haben.

Ich möchte an dieser Stelle anmerken, dass es mir keineswegs daran gelegen ist, zu polemisieren oder in einseitiger Richtung Stimmungsbilder zu kommunizieren.

Aber, so enttäuschend und vielleicht auch hoffnungslos dies klingen mag, die Fakten sprechen auch hier ihre eigene Sprache.

Neuntes Kapitel

Die größten Skandale und Katastrophen

Der Fall »Lucona« – das AKW Zwentendorf – der AKH-Skandal – der Glykolwein-Skandal – die Todesengel von Lainz – die »Konsum«-Pleite – das Grubenunglück von Lassing – die Seilbahnkatastrophe von Kaprun

Natürlich, es musste ja kommen.

Ein Buch dieser Art wäre eben nicht vollständig, ohne eine Auflistung jener Skandale und Katastrophen, welche die Republik Österreich in der Vergangenheit erschütterten und die wohl – direkt und indirekt – die sichtbare Folgeerscheinung all jener Schlampereien und Missstände darstellen, die in diesem Buch beschrieben werden. Ich habe mich dabei, soweit möglich, auf die Wiedergabe amtlicher Berichte und offizieller Chroniken beschränkt und habe zu jedem Fall anschließend einen persönlichen Kommentar beigefügt.

Die nachstehende Auflistung erhebt natürlich keinen Anspruch auf Vollständigkeit.

1977: der Fall »Lucona«

Bei diesem Skandal – dem größten in der Zweiten Republik – deckten Politiker in höchsten Regierungsämtern kriminelle Machenschaften.

Der Frachter »Lucona« wurde im Jahr 1977 aufgrund eines versuchten Versicherungsbetruges durch eine Sprengung im Indischen Ozean versenkt, wobei sechs Besatzungsmitglieder den Tod fanden. Die österreichische Versicherung verweigerte auf Druck des britischen Rückversicherers die Auszahlung der Versicherungssumme, da sie den Verdacht hegte, die Lucona habe nicht die behauptete wertvolle Fracht, – eine auf 1,2 Millionen Euro versicherte Uranerz-Aufbereitungsanlage – sondern lediglich Schrott geladen gehabt, was sich letztlich als richtig erweisen sollte. Die Ladung repräsentierte einen Wert von lediglich 68.000 Euro.

Der Fall wurde durch zwei österreichische Journalisten aufgedeckt, die gesammelten Details wurden in Buchform veröffentlicht.

Zur Klärung der Verwicklung von Politikern in den Fall wurde ein parlamentarischer Untersuchungsausschuss eingesetzt, in dessen Folge der Nationalratspräsident sowie der Innenminister zurücktraten, die Aufarbeitung des Vorfalls stürzte das Land in einen nie da gewesenen Politskandal. 16 Politiker, Juristen und Spitzenbeamte wurden ihrer Posten enthoben, angeklagt oder verurteilt.

Im Auftrag der österreichischen Justiz spürte eine auf Tiefseebergungen spezialisierte US-Firma das Wrack der »Lucona« am Grund des Indischen Ozeans auf und es gelang, mittels eines Tauchroboters zahlreiche beweiskräftige Photos zu schiessen.

Der Gerichtsprozess in Wien gegen den Schuldigen – einen gewissen Udo P. – endete mit einem Schuldspruch wegen sechsfachen Mordes und der Verurteilung zu lebenslanger Haft. Der Verurteilte starb Ende Juni 2001 im Gefängnis nach einer Herzoperation.

Mein Kommentar:

Ein schreckliches Verbrechen, hinsichtlich Kaltblütigkeit und Brutalität schon fast »unösterreichisch.«

Es ist unglaublich, dass es zur Aufdeckung dieser Straftat erst des Engagements zweier Journalisten bedurfte. Man sollte doch annehmen, dass die – offensichtliche – Sprengung eines Frachtschiffes zwangsläufig entsprechende kriminalistische Untersuchungen nach sich ziehen müsste, die selbst ein Ministerium nicht einfach per Weisung einstellen kann.

Bezeichnend auch der Umstand, dass die österreichische Versicherung die Versicherungssumme ursprünglich problemlos auszahlen wollte, erst der britische Rückversicherer, an den sich die österreichische Versicherung mangels Kapitaldeckung wenden musste, schlug Alarm und verweigerte die Auszahlung.

1978: das Atomkraftwerk Zwentendorf

Dabei handelt es sich um die größte »Investitionsruine« der Republik Österreich, ein Atomkraftwerk, das komplett fertig gebaut wurde, aber nie in Betrieb ging.

Geplant war, einen Siedewasserreaktor mit 723 Megawatt Leistung zu errichten, was dem damaligen Stand der Technik entsprach. Der Bau verschlang rund 378 Mio. Euro und wurde 1972 begonnen. Allerdings kam man erst nach Fertigstellung des Kraftwerkes 1978 auf die Idee, eine Volksabstimmung über dessen Inbetriebnahme durchzuführen.

Das Ergebnis: Die Bevölkerung lehnte die Inbetriebnahme des AKW Zwentendorf mit einer hauchdünnen Mehrheit von 50,47 % ab, das nagelneue Kernkraftwerk durfte somit nicht in Betrieb gehen. Da man überdies mit der endgültigen Abwrackung bis zum Jahr 1985 zuwartete – vielleicht hoffte man, dass es sich die Bevölkerung doch noch überlegt – entstanden darüber hinaus noch Wartungskosten in Höhe von 43,6 Mio. Euro.

Heute wird das Kraftwerk als Ersatzteilspender für baugleiche deutsche Kernkraftwerke sowie für Ausbildungszwecke genutzt.

Mein Kommentar:

Absolute Fassungslosigkeit. Ein Atomkraftwerk erst um teures Geld zu bauen und dann einfach verrotten zu lassen, ohne es jemals in Betrieb genommen zu haben, wäre meiner Meinung nach ein erster Schritt zur Entmündigung der damaligen Regierung gewesen.

1980/81: der AKH-Skandal

Es handelt sich hierbei um den bislang größten Bauskandal in Österreich. Eine Korruptionsaffäre sowie Managementfehler verbunden mit einer überlangen Bauzeit führten beim Bau des neuen Allgemeinen Krankenhauses der Stadt Wien (AKH) zu einer Kostenexplosion unglaublichen Ausmasses.

Der Neubau des Allgemeinen Krankenhauses wurde bereits 1955 beschlossen, da das alte, noch aus der Monarchie stammende Gebäude modernen Anforderungen nicht mehr entsprach.

Erst Anfang der 1970er Jahre wurde das Projekt jedoch in Angriff genommen, es sollte schlussendlich mit Gesamtkosten von rund 3 Milliarden Euro zu Europas teuerstem Krankenhausbau werden.

Da sich herausstellte, dass die zuständige Magistratsabteilung mit einem Projekt dieser Größenordnung völlig überfordert war, wurde ein deutscher Experte mit der Planung beauftragt, dessen Honorar wurde jedoch vom Rechnungshof, welcher in Österreich die Mittelverwendung in der öffentlichen Verwaltung überwacht, als massiv überhöht bezeichnet.

Die prognostizierten Kosten für den Bau des AKH stiegen in jener Zeit rasch an. Ein österreichischer Journalist deckte den AKH-Skandal schließlich auf, es ging dabei hauptsächlich um Schmiergeldzahlungen und überhöhte Rechnungen, Hauptschuldiger war einer der Direktoren des Krankenhauses.

Die teuerste Ruine Österreichs – das Atomkraftwerk Zwentendorf.

1981 wurden schließlich 12 Manager des AKH zu Haftstrafen zwischen zweieinhalb und neun Jahren verurteilt.

Im Jahr 1994 wurde das AKH schließlich eröffnet, nach einer Planungs- und Bauzeit von 37 Jahren, die Kosten beliefen sich im Endeffekt auf unfassbare 3,12 Milliarden Euro.

Mein Kommentar:

Für mich ist der AKH-Skandal symptomatisch für die Situation in Österreich. Es geht um Korruption, »Freunderl«-Wirtschaft und Vertuschung, derlei Dinge sind hierzulande absolut üblich und gesellschaftsfähig. Nur war eben die Dimension dieses Projektes von vorne herein so gewaltig, dass auch die fast zwangsläufig damit einhergehende Schmiergeldaffäre das »ortsübliche Ausmaß« weit überschritten hat.

1985: Der Glykolwein-Skandal

1985 wurde bekannt, dass einige österreichische Winzer ihrem Wein verbotenerweise Diethylenglykol beigemischt hatten, eine Chemikalie, die als Frostschutzmittel normalerweise zum Enteisen von Flugzeugen verwendet wird. Sein Langzeitkonsum schädigt beim Menschen Nieren und Leberzellen, bereits 40 Gramm Diethylenglykol gelten als tödlich.

Es kam zum Skandal, als ein Winzer auffällig große Mengen von Frostschutzmittel steuerlich geltend machen wollte und man seitens der Behörde Nachforschungen anstellte.

Es stellte sich heraus, dass einige österreichische Winzer Diethylenglykol planmäßig als Süßungsmittel und Geschmacksverstärker verwendeten.

Der Wein schmeckte dadurch viel süßer, aber auch ätherischer, was den Aromastoffen sehr zugute kam. Gleichzeitig wurden aber auch die Zuckertests nicht beeinflusst, mit denen die Winzerverbände kontrollieren, ob aus den Trauben des jeweiligen Jahres bei bekanntem Zukkergehalt auch eine akzeptable Alkohol-Zucker-Proportion möglich ist, denn das Nachsäuern oder Nachzuckern ist bei Qualitätswein verboten.

Im Burgenland wurden vier Weinbauern festgenommen, von denen zwei zu mehrjährigen Haftstrafen verurteilt wurden. Ein Inhaber eines Weinbaubetriebes nahm sich nach seiner Verurteilung das Leben.

Erstaunlicherweise gelang es in keinem Gerichtsverfahren, auch nur einen Fall von Gesundheitsschädigung nachzuweisen.

Der Glykolwein-Skandal führte in Österreich zu einem der strengsten Weingesetze der Welt und zu den schärfsten Kontrollen in ganz Europa, allerdings hatte der Ruf des österreichischen Weinbaus schweren Schaden erlitten. Kurzfristig kam der Weinexport aus Österreich fast vollständig zum Erliegen, Millionen von Flaschen mussten vom Markt genommen werden. In Belgien wurden alle österreichischen Weine verboten, in Deutschland vier Millionen Liter österreichischer Wein beschlagnahmt.

Mein Kommentar:

Ungewöhnlich, dass diesen Skandal einmal nicht Journalisten oder Betroffene aufgedeckt haben, sondern die Behörde selbst hellhörig wurde, als ein Winzer nach der Devise »Frechheit siegt« jenes Glykol, welches er dem Wein beimengte, auch noch steuerlich absetzen wollte.

Was allerdings die nun angeblich so strengen Weingesetze in Österreich betrifft, so dürfte es sich dabei hauptsächlich um eine typisch österreichische »Schönfärberei« handeln, die wenig mit der Realität zu tun hat. Denn nach wie vor gibt es keinerlei Kontrollmechanismen oder behördliche Prüfverfahren, um kontrollieren zu können, ob jener Wein, welcher zur Erlangung des Prädikates »Qualitätswein« zur Prüfung eingereicht wird auch mit jenem ident ist, der dann tatsächlich ausgeliefert wird.

Ein neuerlicher Weinskandal scheint somit jederzeit möglich.

1989: die Todesengel von Lainz

Als »Todesengel« von Lainz wurden vier Krankenschwestern bezeichnet, welche zwischen 1983 und 1989 gemeinschaftlich im Krankenhaus Lainz in Wien eine größere Zahl von Patienten ermordeten.

Im Februar 1989 hörte ein Arzt zufällig, wie sich die vier Pflegerinnen im Kaffeehaus über begangene Morde amüsierten und die Auswahl weiterer Opfer erörterten und erstattete Anzeige. Zunächst wurden die Krankenschwestern lediglich beurlaubt, nach einer hausinternen Untersuchung jedoch am 7. April 1989 verhaftet. Das anschließende Gerichtsverfahren ergab, dass die Opfer entweder mit Insulin oder Rohypnol vergiftet oder ertränkt worden waren. Die Tatmotive konnten nie restlos geklärt werden, finanzielle Gründe scheiden aus, keine der Täterinnen war im Testament der Opfer genannt. Vor Gericht rechtfertigten sich die Pflegerinnen im Wesentlichen mit dem Argument der Sterbehilfe aus Mitleid, was aufgrund der Kaltblütigkeit ihres Vorgehens seitens des Gerichtes allerdings als nicht glaubwürdig eingestuft wurde.

Alle vier Täterinnen verhielten sich unbekümmert und leichtfertig, weder der stark erhöhte Medikamentenverbrauch noch sonstige verdächtige Vorgänge, fielen irgendjemandem auf. Diese Teilnahmslosigkeit des gesamten Krankenhauspersonals, welches nichts mitbekommen haben wollte, empörte auch die Öffentlichkeit massiv, der Fall ging um die ganze Welt.

Die vier Täterinnen wurden vor Gericht zu Haftstrafen zwischen 15 Jahren und lebenslang verurteilt, inzwischen wurden jedoch alle vier auf Bewährung aus der Haft entlassen.

Das Spital Lainz wurde nach diesem Skandal in »Krankenhaus Hietzing«, die angeschlossenen Pflegestationen in »Geriatriezentrum am Wienerwald« umbenannt.

Mein Kommentar:

Das Erschütternde für mich – neben der Kaltblütigkeit und Herzlosigkeit der Täterinnen – ist die Tatsache, dass diese Verbrechen so lange niemandem aufgefallen sind und eigentlich nur durch einen Zufall aufgedeckt werden konnten. Weder der verantwortliche Stationsarzt, noch die anderen Ärzte und Pflegekräfte wollen von diesen Vorgängen etwas bemerkt haben.

Dafür ist einerseits die bekannte österreichische Mentalität des Wegsehens verantwortlich, andererseits aber auch eine hausinterne Organisation, welche solche Vorfälle begünstigt oder überhaupt erst ermöglicht. Wenn es Kontrollmechanismen – etwa in Form eines Qualitätsmanagements – gegeben hätte, wäre allein schon der stark erhöhte Medikamentenverbrauch sofort aufgefallen.

Interessant ist auch die typisch österreichische Reaktion darauf, denn anstatt die Ablauforganisation der Krankenanstalt zu verbessern, um Derartiges in Zukunft verhindern zu können, gibt man dem Spital einfach einen neuen Namen, klebt also »ein neues Etikett« darauf – und alles ist wieder in Ordnung.

1995: die »Konsum«-Pleite

Der »Konsum« war eine Einzelhandelsgenossenschaft, welche bis zu ihrer Insolvenz 1995 im Eigentum ihrer mehr als 700.000 Genossenschafter stand. Der Präsident des österreichischen Gewerkschaftsbundes (ÖGB), war lange Zeit Vorsitzender des Aufsichtsrates, nicht zuletzt deswegen galt der Konsum auch als gewerkschaftlich organisiert. Im Dienst des Handelsriesen standen gegen Ende dessen Tätigkeit mehr als 17.000 Mitarbeiter an 1.055 Standorten mit etwa 700.000 Quadratmetern Verkaufsfläche, wobei der Jahresumsatz etwa 2,33 Mrd. Euro betrug.

1978 traten erste Probleme auf. Nicht zuletzt aufgrund der hohen Personalkosten gelang es nicht, gegen die Konkurrenz der Diskontketten zu bestehen. Darüber hinaus wurde mit der Errichtung eines 52 Millionen Euro teuren, aber logistisch ineffektiven Zentrallagers eine große Fehlinvestition getätigt.

Im Jahr 1989 beliefen sich die Verluste bereits auf 94,5 Mio. Euro.

1990 wurde der Generaldirektor des Konsum Österreich ausgewechselt, was jedoch nicht die erhofften schwarzen Zahlen brachte, weiters wurde 1993 eine Kooperation mit einem schweizer Haushalts- und Hygieneartikelhersteller eingegangen, jedoch konnte auch dies die Verluste nicht verringern.

Am 3. März 1995 wurde von den Banken beschlossen, aufgrund der prekären Finanzlage des Unternehmens keine weiteren Auszahlungen an den Konsum Österreich zu tätigen, wodurch die Genossenschaft gezwungen war, am 31. März 1995 den Ausgleich anzumelden. Die gesamte Insolvenzsumme betrug 1,89 Mrd. Euro, somit war die Pleite des »Konsum« die größte der zweiten Republik.

Der Generaldirektor wurde nach einer Verurteilung wegen fahrlässiger Krida auch wegen betrügerischer Krida zu einer bedingten Haftstrafe verurteilt.

Obwohl der Konsum nie Insolvenz anmeldete, – wohl aus Rücksicht auf seine Genossenschaftsmitglieder, welche im Konkursfall mit ihrem doppelten Geschäftsanteil gehaftet hätten – waren die Auswirkungen der Pleite für den österreichischen Arbeitsmarkt katastrophal. Da viele Mitarbeiter im Glauben daran, dass die Insolvenz doch noch abgewendet werden kann, bis zuletzt blieben, mussten bei der tatsächlichen Betriebsstilllegung österreichweit mit einem Schlag über 12.000 Mitarbeiter gekündigt werden.

Mein Kommentar:

Hier finden wir wieder das in Österreich so beliebte »Wegsehen.« Denn obwohl die Verluste des Konsums den kreditgebenden Banken seit Jahren bekannt waren, wurde erst etwas unternommen, als es bereits zu spät war.

Die Konsumpleite hat aber auch das Bewusstsein in der Gesellschaft für das Thema »Arbeitslosigkeit« sensibilisiert. Galten Arbeitslose früher als schlecht qualifizierte oder arbeitsscheue Minderheit, so wurde durch das Konsumdesaster ins Bewusstsein gerufen, dass Arbeitslosigkeit theoretisch jeden treffen kann.

1998: das Grubenunglück von Lassing

Das Bergwerksunglück von Lassing ereignete sich im Juli 1998 und war das größte dieser Art in Österreich nach 1945.

Am 17. Juli 1998 brach die Decke einer illegal abgebauten Sohle des Talkbergwerkes Lassing ein, in der Folge drang Wasser in die Stollen und bewirkte einen Schlammeinbruch im gesamten Bergwerk. Nach und nach bildete sich ein immer tiefer und größer werdender Krater, welcher schließlich 20 Häuser zerstörte. Zu diesem Zeitpunkt arbeiteten 34 Menschen beim und im Bergwerk, unter ihnen auch der Bergmann Georg H., welcher im Zuge des Schlammeinbruches in der Jausenkammer des Bergwerkes verschüttet wurde.

Daraufhin fuhr ein zehn Mann starker Rettungstrupp, bestehend aus neun Bergmännern und einem Geologen, in den Berg ein.

Als ein zweiter Schlammeinbruch die Grube implodieren ließ, spielten sich dramatische Szenen ab. Der Krater wuchs, Häuser stürzten ein, die Stromversorgung brach zusammen, auch von dem Hilfstrupp fehlte ab diesem Zeitpunkt jedes Lebenszeichen.

Das Grubenunglück von Lassing

Die Rettungsmaßnahmen gingen sehr schleppend voran, Hilfe von außen war unerwünscht. Bald hieß es, es gebe keine Rettung mehr für die Verschütteten.

Doch dann passierte das »Wunder von Lassing«, als bereits keiner mehr daran glauben wollte. Der verschüttete Bergmann Georg H. wurde gerettet, er befand sich in erstaunlich gutem Gesundheitszustand. Die zehn Männer der Rettungsmannschaft blieben im Berg und wurden für tot erklärt, die Suche nach ihren Leichen eingestellt.

Anschließende Untersuchungen sowie Gutachten von Sachverständigen brachten erschütternde Tatsachen ans Licht. Im Bergwerk war illegaler Abbau von Talk betrieben worden, somit wurde unerlaubterweise bis in geologisch instabile und für eine Untertunnelung daher nicht geeignete Regionen geschürft.

Die gesamte Einsatzorganisation erwies sich überdies als absolut chaotisch, Konferenzen zogen sich über Stunden dahin, ohne dass konkrete Rettungskonzepte entwickelt wurden.

Nur auf Druck der Medien wurden die Rettungsarbeiten überhaupt weiter durchgeführt.

Ferner stellte sich heraus, dass die zehn Rettungsmänner nicht ausschließlich zur Rettung des verunglückten Bergmannes in die Grube geschickt worden waren. Sie sollten vielmehr die Mine sichern, um eine Fortführung des Abbaus zu gewährleisten.

Der Betriebsleiter des Bergwerks wurde wegen fahrlässiger Gemeingefährdung zu einer bedingten Haftstrafe verurteilt, drei verantwortliche Beamte der Bergwerksbehörde wurden freigesprochen.

Mein Kommentar:

Typisch österreichische Schlamperei verbunden mit Inkompetenz und Profitgier führte zu diesem Unglück. Es ist wieder einmal den Medien und somit engagierten Journalisten zu verdanken, dass zumindest ein Menschenleben gerettet werden konnte.

2000: die Seilbahnkatastrophe von Kaprun

Bei einem Brand im Tunnel der Gletscherbahn Kaprun starben am 11. November 2000 insgesamt 155 Passagiere durch Rauchgasvergiftung, es handelte sich dabei um die größte Katastrophe in Österreich seit dem 2. Weltkrieg.

Bereits kurz nach Abfahrt der Gletscherbahn kam es laut Augenzeugenberichten zu einer starken Rauchentwicklung in einem der Zugabteile, doch erst nach über einem Kilometer Fahrt blieb der Zug im Tunnel stehen, als die Hydraulikleitungen bereits durchgebrannt waren. Die vollständig auf sich selbst angewiesenen Fahrgäste wollten sich durch Einschlagen der Fenster ins Freie retten, da erst viel zu spät die Türen geöffnet wurden.

Nur wenige schafften es, den Zug rechtzeitig zu verlassen, die meisten Verunglückten starben in den Zugabteilen, da sie sich nicht rechtzeitig befreien konnten. Jene Personen, welchen die Flucht gelang, liefen jedoch in Panik vom Feuer weg nach oben, also weiter in den Tunnel hinein, wo sie durch die Rauchgase, welche ebenfalls nach oben stiegen, ums Leben kamen.

Nur zwölf Personen konnten sich in der Frühphase des Brandes durch Einschlagen einer Scheibe aus dem hinteren Teil des Zuges befreien und überlebten, indem sie im Tunnel nach unten liefen.

Nicht zuletzt aufgrund des enormen Medienechos wurde die Ursache dieses Unglücks sehr genau untersucht, aufgrund von Gutachten mehrerer Sachverständiger, wurde der Brand der Gletscherbahn durch Überhitzung eines eingebauten Heizlüfters ausgelöst. Dieser Heizlüfter hatte zwar eine VDE-Zulassung, war allerdings laut Betriebsanleitung für den Einbau in Fahrzeugen nicht geeignet. Die Untersuchung ergab ferner, dass der Heizlüfter viel zu nahe an den Hydraulikleitungen montiert war und die Gummimatten am Boden des Zuges nicht feuerfest waren.

Auch bestand keine Verständigungsmöglichkeit zwischen den Fahrgästen und dem Zugführer, weiters waren im Tunnel weder Rettungswege noch Notausgänge vorhanden.

In dem darauf folgenden Strafprozess in Salzburg wurden 16 Beschuldigte angeklagt, neben der Geschäftsführung der Seilbahn-Betriebsgesellschaft mussten sich auch Bewilligungs- und Prüforgane aus dem österreichischen Verkehrsministerium sowie dem Technischen Überwachungsverein (TÜV) vor Gericht verantworten. Am 19. Februar 2004 ging der Prozess mit Freisprüchen für alle Angeklagten zu Ende. Mit den Angehörigen der Opfer wurde ein außergerichtlicher Vergleich geschlossen, in welchem den Angehörigen pro Person 30.000,- Euro Schmerzensgeld zugestanden wurde.

Mein Kommentar:

Die gerichtlichen Freisprüche sind für mich nicht nachvollziehbar und grenzen an eine Verhöhnung der Opfer und deren Angehörigen. Nicht nur, dass ein derartiger Heizlüfter in einem Zugabteil überhaupt nicht hätte verwendet werden dürfen, stellt das Fehlen von jeglichen Sicherheitseinrichtungen sowie von Notausgängen, bereits eine Fahrlässigkeit groben Ausmaßes dar.

Auch hätte eine simple Anweisung über Lautsprecher – die jedoch ebenfalls nicht vorhanden waren – im Tunnel nach unten statt nach oben zu flüchten, vermutlich viele Menschenleben retten können.

Zehntes Kapitel

»Wenn es Ihnen hier nicht passt, können Sie jederzeit auswandern« (... und warum trotzdem viele bleiben.)

*Wem es nicht gefällt, der darf gehen — kleiner Check für Neueinwanderer — ein Elchtest
und seine Folgen — Patrioten auf Wochenendflucht — Wegsehen hat Tradition — die Gleichmacherei: ein österreichisches Grundübel — des Systems liebste Kinder: mittelmäßige Bürger — Schwächen beheben statt Stärken forcieren — Fremdenfeindlichkeit hat immer Saison
— ein prägendes Erlebnis und die Lehren daraus — ein heikler Vergleich — das Beste an
Wien*

Neulich hatte ich mich bei einem Amt erbost über eine Entscheidung
desselben beschwert, weil diese für mich, mit hohen Gebühren und
sonstigen Kosten verbunden war. Ich erklärte dem Beamten, dass es
nur in Österreich möglich sei, als Bürger derart abgezockt zu werden
— im Ausland wäre eine derartige Vorgehensweise undenkbar und
würde wohl zu einem sofortigen Volksaufstand führen.

Es gilt tatsächlich laut einem internationalen Nachrichtenmagazin als
erwiesen, dass in Österreich von allen europäischen Ländern der geringste Widerstand seitens der Bevölkerung gegen überhöhte Preise
und behördliche Gebühren zu erwarten ist.

Hierauf sprach das Amtsorgan wie folgt: »Jetzt passen´s amol auf,
waun´s Ihna do net passt, kennans gern jederzeit auswaundern. Auf so
Leit wie Ihna kenn´ ma do eh verzichten!«

Übersetzung:

»Passen Sie auf, wenn es Ihnen hier nicht gefällt, können Sie gerne jederzeit auswandern. Auf Leute wie Sie können wir hier ohnehin verzichten!«

Diese Aussage beruhigt das Gemüt: Ich kann gehen, wenn ich es
möchte, es herrscht Reisefreiheit. Wenigstens etwas.

Worauf sich allerdings die Frage erhebt, was die Bürger wohl hier hält
— immerhin hat Österreich rund acht Millionen Einwohner.

Um diese Frage zu beantworten, sehen wir uns wohl am besten an, wo dieser Staat seine Schwerpunkte hat. Anders gefragt, wer würde wohl gerne nach Österreich einwandern?

Nun, abgesehen von jenen bedauernswerten Personen, welche sich durch verschiedenste Umstände dazu gezwungen sehen, weil sie keine Alternative haben, ist in Österreich wohl jeder goldrichtig, der mit Wintersport oder klassischer Musik etwas am Hut hat. Er sollte ferner ein Nebel- und Wintertyp sein, der Kälte und Intrigen mag, dem aber Sonne, Meer und Aufrichtigkeit zuwider sind.

Da man in Österreich zum Lügen und Betrügen erzogen wird (anders kommt man hier nicht durch), wird dieses Land auch all jene anziehen, die sich diesbezüglich eine entsprechende »Ausbildung« erwarten.

Ferner sollte der Betreffende mit der österreichischen Mentalität und ihren Auswüchsen zurechtkommen, hier empfiehlt es sich, einige Verhaltensregeln zu beachten. Es gilt hierzulande beispielsweise als unpassend und sogar als unhöflich, jemanden eines Fehlverhaltens zu bezichtigen oder gar Anzeige zu erstatten.

Der geneigte Leser erinnert sich zweifellos noch an die Sache mit dem so genannten »Elchtest.« Damals hatte ein weltbekannter Automobilhersteller eine neu entwickelte »X-Klasse« herausgebracht – einen PKW, welcher durch sehr kompakte Ausmaße hervorstach und dem somit als Stadtauto eine große Zukunft vorhergesagt wurde.

Skandinavische Autohersteller, die natürlich um ihre Marktanteile fürchteten, gaben umfangreiche Tests in Auftrag, bei denen sich schließlich herausstellte, dass die Fahrzeuge dieser »X-Klasse« durch ihren hohen Schwerpunkt bei radikalen Ausweichbewegungen zum Kippen neigten, wodurch die Bodenhaftung verloren ging, im Extremfall hätte dies sogar zum kompletten Umkippen des Kraftfahrzeuges führen können.

Für skandinavische Autolenker gehören nämlich plötzliche Ausweichbewegungen zum »Standardrepertoire«, da es jederzeit vorkommen kann, dass Großwild – etwa ein Elch – die Fahrbahn quert. Daher auch der Name »Elchtest.«

Die Sache hat allerdings eine Vorgeschichte und die hat mehr mit Österreich zu tun, als man annehmen würde. Ein österreichischer Automobil-Club hat diesen Fehler nämlich als erstes entdeckt – früher als alle anderen.

Besagter Automobil-Club stellt unter allen österreichischen Institutionen eine positive Ausnahme dar. Die »gelben Engel«, wie sie in Österreich liebevoll genannt werden, sind immer da, wenn man sie braucht, nicht nur die Pannenhilfe, sondern auch die schnelle und zuverlässige Flugrettung ist europaweit ein Begriff.

Dies beruht unter anderem darauf, dass dieser Automobil-Club sehr viel in die Ausbildung seiner Mitarbeiter und in technische Innovationen investiert.

Nun testet besagter Club natürlich auch Neuerscheinungen am Automarkt, die Ergebnisse werden sodann im clubeigenen Magazin veröffentlicht und allen Mitgliedern zur Kenntnis gebracht.

Natürlich wurde auch besagtes »X-Klasse-Auto« sofort einem gründlichen Test unterzogen und selbstverständlich war den Testern nicht entgangen, dass mit diesem Ding etwas nicht in Ordnung war. Sie kamen somit besagtem Kippeffekt, den jenes Modell aufgrund eines Konstruktionsfehlers aufwies – und der mittlerweile vom Hersteller längst behoben wurde – wesentlich eher auf die Spur, als ihre skandinavischen Kollegen.

Nur waren sie eben als »gelernte Österreicher« darauf konditioniert, niemals offen zu kritisieren, oder am Ende gar jemand eines Fehlers zu bezichtigen – schon gar nicht, wenn es sich bei dem Betreffenden um die »Obrigkeit« handelt. Und in Österreich ist – man glaubt es kaum – auch ein Autohersteller bereits eine »Obrigkeit.«

Somit stand im Testbericht Folgendes zu lesen: »Das getestete Fahrzeug tendiert bei plötzlichen Ausweichbewegungen zu einer Seitenneigung, die im Extremfall den Verlust der Bodenhaftung zur Folge haben kann.« Da diese vorsichtige Formulierung natürlich keinerlei internationale Resonanz hervorrief, können nun andere für sich in Anspruch nehmen, diesen Fehler entdeckt zu haben.

Aber zurück zum Anforderungsprofil für potentielle Einwanderer.

Kerngesund sollte der Neuankömmling sein – und es möglichst auch bleiben, denn die medizinische Versorgung zählt nicht unbedingt zu den Stärken dieses Landes, Kunstfehler von Ärzten sind in Österreichs Spitälern an der Tagesordnung.

Somit sollten all jene, welche die genannten Anforderungen nicht oder nur zum Teil erfüllen, es sich gut überlegen, Österreich als ihren ständigen Aufenthaltsort zu wählen.

Was allerdings die Ausbildung hinsichtlich klassischer Musik betrifft, so kann man in Österreich – vor allem in Wien – tatsächlich unter einer sehr großen Anzahl von qualitativ hochwertigen Konservatorien und sonstigen Institutionen wählen, man hat in diesem Bereich breit gefächerte Entwicklungsmöglichkeiten, welche man anderswo wahrscheinlich nicht finden wird.

Ähnliches gilt für die diversen Wintersportarten, allen voran das Skifahren, denn obwohl Österreich praktisch keine eigene Skiindustrie mehr hat – alle bedeutenden Skimarken wurden von ausländischen Unternehmen übernommen – ernährt dieser Sport doch ein ganzes Volk noch immer recht auskömmlich.

Als Skilehrer in Tirol hat man auch zweifellos ein »bäriges« Leben – nicht nur der vielen »Skihaserln« wegen.

Es ist auch zu beachten, dass man als Beschäftigter in einem Wintersportort mit Touristen zu tun hat, die meist gut aufgelegt sind – sie befinden sich ja in Urlaub – und denen daher auch der Geldbeutel locker sitzt, was wieder einen positiven Einfluss auf das Trinkgeld haben kann. Und Trinkgeld stellt bei fast allen Berufen in der Tourismusbranche einen substantiellen Lohnbestandteil dar.

Aber sonst – wer kann sich in Österreich sonst noch wohl fühlen?

Wohl auch jene, welche es als angenehm empfinden, dass Österreich ein engmaschiges soziales Netz hat, weil es sich in dieser Hängematte doch recht bequem lebt und man nicht immer selbst für seine Zukunft sorgen muss, ich hoffe allerdings, dass es sich bei dieser Personengruppe um eine kleine Minderheit handelt.

Allerdings stellen Sozialleistungen in Österreich für viele trotz allem ein wichtiges Thema dar. »Da bin ich ja dann nicht abgesichert« und »ich habe schon so viel an Beiträgen eingezahlt« sind nur zwei der Argumente, die sofort entgegnet werden, wenn das Thema »Auswandern« auf den Tisch kommt.

Da bleibt man doch lieber im Land, macht auf patriotisch und betreibt aber dabei klammheimlich »Wochenendflucht« ins benachbarte Ausland. Denn die Anzahl der österreichischen Zweithausbesitzer in Ungarn sowie die Zahl der Yachten in den Häfen der Adria, welche unter österreichischer Flagge fahren, steigt ständig.

Man erhält eben in Österreich bei vielen Gelegenheiten Geld vom Staat und darauf will man nicht verzichten.

Zum Beispiel die Mietbeihilfen. An sich sollte man annehmen, dass jemand, der sich aufgrund seiner finanziellen Situation die Miete für eine große und gut ausgestattete Wohnung nicht leisten kann, eben mit einer entsprechend kleineren und damit billigeren Wohnmöglichkeit vorlieb nehmen muss.

Nicht so in Österreich, wenn hier die bevorzugte Mietwohnung die eigenen finanziellen Möglichkeiten übersteigt, läuft der Betreffende einfach zum Staat und erhält die Differenz als Mietbeihilfe oder andere wohnraumbezogene Förderung ausbezahlt. Besonders gut funktioniert dies bei kinderreichen Jungfamilien.

Diese Subventionen werden mitunter sogar für Nebenwohnsitze – die also nicht dem »dringenden Wohnbedürfnis« dienen – gewährt.

Tu felix Austria. Es fragt sich nur, wer das alles bezahlen soll?

Und auf die vermeintlich sichere Pension will man natürlich schon gar nicht verzichten, ob diese in Österreich bei Fortdauern der jetzigen Entwicklung wirklich so sicher sind, ist allerdings die Frage.

Da Österreich ein sozialer Wohlfahrtsstaat ist, kann der Nachweis einer gewissen »sozialen Bedürftigkeit« für den Bürger von Vorteil sein, wie beispielsweise das Ansuchen um eine Gemeindewohnung (eine von der Gemeinde zu einem sozialen Zins zur Verfügung gestellte Wohnung).

Dies soll nun keine Aufforderung zur Inanspruchnahme staatlicher Leistungen darstellen, es ist nur so, dass es in Österreich aus der Sicht des Bürgers sinnvoller ist, zu mieten, als zu besitzen. Denn Argwohn erregt in Österreich, wer Besitz hat – es genügt schon eine Eigentumswohnung – es sei denn, man hat einen Prestigeberuf wie Chirurg oder Anwalt oder man ist Politiker.

A propos »Besitz.« Österreich ist – es muss leider gesagt werden – auch ein Paradies für Kriminelle aller Art, man lasse sich von der offiziellen Statistik, welche scheinbar anderes belegt, nicht täuschen, denn diese stimmt nicht im geringsten mit der Realität überein. Zum einen verfügt die österreichische Polizei weder über die Kenntnisse noch über Budget und entsprechende technische Möglichkeiten, welche eine Verbrechensbekämpfung nach modernen Kriterien ermöglichen würden, zum anderen ist auch die Motivation der Beamten durch schlechte Bezahlung und eine starre Hierarchie innerhalb der Polizei äußerst mangelhaft.

Da überdies in Österreich die Meinung vorherrscht, dass man sich mit Zivilcourage im Prinzip nur Schwierigkeiten einhandelt, wird bei Auffälligkeiten in der Regel weggesehen – auch wenn massive Verdachtsmomente vorhanden sind.

Als Beweis seien hier die zahlreichen Missbrauchsfälle und Vernachlässigungen von Kindern angeführt, welche meist innerhalb der Nachbarschaft und oft sogar behördlich bekannt waren.

Trotzdem wurde nichts unternommen – nicht einmal durch die Mitarbeiter der behördlichen Kinderfürsorge.

Vielleicht erinnert man sich noch an den Fall jener Mutter, die ihre Tochter zunächst mit extrem einseitiger Ernährung geschwächt hatte und anschließend einfach verhungern ließ.

Das Kind war bis zum Skelett abgemagert und das soll niemand bemerkt haben? Wegsehen hat in Österreich eben Tradition.

Dieses »nichts hören und nichts sehen« ist natürlich auch ein idealer Nährboden für Skandale aller Art – aber dem ist in diesem Buch ohnehin ein eigenes Kapitel gewidmet.

Dabei fällt auch auf, dass speziell den Wienern von öffentlicher Seite ständig suggeriert wird, dass ausgerechnet Wien so ein guter Platz zum Leben sei und angeblich über eine exzellente Lebensqualität verfüge. Nun, wenn dem tatsächlich so wäre, wäre eine ständige Erwähnung dieses Umstandes wohl überflüssig.

Nun wollen wir uns aber einem Thema zuwenden, welches für das (Über)leben in Österreich von absolut zentraler Bedeutung ist und daher ebenfalls in den »Anforderungskatalog für Neueinwanderer« aufgenommen werden sollte.

Denn in Österreich muss man mittelmäßig sein, um gehört zu werden, ein besonderer Geist, welcher außergewöhnliche Ideen hat, wird in Österreich auf entwürdigende Art und Weise beleidigt, erniedrigt und »mundtot« gemacht.

Es geht darum, dass alle möglichst gleich gemacht werden sollen, denn dadurch können die »Untertanen« auch besser kontrolliert und auf ihre Sozialversicherungsnummer reduziert werden.

»Wenn du nicht so bist wie die anderen, dann schleifen wir dich, bis du dich entweder anpasst oder zugrunde gehst« lautet die Devise in Österreich.

In beiden Fällen ist dann das Problem – wenn auch auf eine ziemlich inhumane Weise – gelöst.

Jemand der anders ist als die anderen – aus welchem Grund auch immer – wird in Österreich gnadenlos gejagt, da er nicht ins System passt und damit instinktiv eine Bedrohung darstellt, auch wenn er für sein »Anderssein« absolut nichts kann.

So ist dieses Land nun einmal. Die Österreicher sind auch absolute Spezialisten, wenn es darum geht, Dinge zu verhindern, Mauern aufzubauen und dem lieben Nachbarn das Leben so schwer wie möglich zu machen.

Natürlich steckt auch Neid dahinter, denn Neid ist die Triebfeder der Gleichheit.

»Ich hab´ das nicht, also braucht mein Nachbar das auch nicht«, lautet die typische Reaktion des Österreichers, wenn es um ein Haus mit Garten, ein neues Auto, Swimmingpool, Sauna oder ähnliches geht. Erst dann, wenn der Nachbar genauso im Dreck sitzt, wie er selbst, ist der Österreicher zufrieden, dann ist sein Bedürfnis nach Gleichheit befriedigt.

Dieses uniforme Gleichheitsdenken wird schon von Kindesbeinen an forciert, indem jeder genötigt wird, ausschließlich an seinen Schwächen herumzudoktern, anstatt sich auf seine Stärken konzentrieren zu können und diese weiter zu entwickeln.

Ein Kind, welches zum Beispiel schöne Aufsätze schreibt, aber in Mathematik schwach ist, wird gezwungen, diese Schwäche im Umgang mit Zahlen zu beheben, anstatt das man das literarische Talent des Kindes fördern würde. Somit wird es bei entsprechendem Bemühen irgendwann tatsächlich ein zumindest durchschnittliches Gefühl für Zahlen entwickeln, richtig gut wird es in Mathematik nie werden, weil dafür einfach die Anlagen fehlen.

Gleichzeitig gehen aber die literarischen Fähigkeiten verloren, weil sie nicht geübt und weiterentwickelt werden und daher verkümmern, was zur Folge hat, dass schließlich wieder genau jener mittelmäßige Einheitstyp entsteht, welcher vom österreichischen System so erwünscht ist, da sich dieser leicht lenken und steuern lässt.

Etwa durch den Grundsatz: »Es ist grundsätzlich alles verboten, was nicht ausdrücklich erlaubt ist.«

Dieses System denkt einfach nicht ganzheitlich, daher werden behördliche Entscheidungen prinzipiell nur aus Behördensicht, also zum Vorteil der Behörde, getroffen, die Sicht und das Wohl des Bürgers wird so gut wie nie berücksichtigt.

Übrigens ist die erwähnte ablehnende Haltung gegenüber allem, was irgendwie anders oder ungewöhnlich ist, auch ein idealer Nährboden für Fremdenfeindlichkeit, und hier hat Österreich leider eine unrühmliche »Tradition.«

Es müssen erst gar nicht die Ereignisse des Zweiten Weltkrieges herangezogen werden, an denen Österreich eine historisch erwiesene Mitschuld hat. Dieser Fremdenhass war auch nach der Ostöffnung 1989, welche einen signifikanten Anstieg des Ausländeranteiles vor allem in Ostösterreich zur Folge hatte, deutlich spürbar.

Ein freiheitlicher Politiker mit eindeutigem demagogischen Talent schaffte es mit diesen »Ausländer-raus«-Parolen sogar, ins Parlament einzuziehen und bei Wahlen damit zu punkten.

Wenn auch das Land mit der neuen Situation, welche die Öffnung der Ostgrenzen mit sich brachte, kurzfristig überfordert gewesen sein mag – eine wirkliche Entschuldigung für diese fremdenfeindliche Einstellung ist das wohl nicht.

Es hat eben auch damit zu tun, dass Ausländer aufgrund ihres unterschiedlichen kulturellen Hintergrundes »anders« sind – und das lehnt der Österreicher bekanntlich ab.

Allerdings denke ich doch, dass auf diesem Gebiet mittlerweile ein gewisser Lern- und Erfahrungsprozess eingesetzt hat und heute die Fremdenfeindlichkeit im Durchschnitt nicht wesentlich höher ist, als in anderen Ländern Europas. Interessant in diesem Zusammenhang ist auch, dass Antisemitismus, welcher ja für gewöhnlich ebenfalls in dieser »rechten Ecke« zu finden ist, in Österreich kaum spürbar ist.

Trotzdem wird Österreich im Ausland immer wieder mit Nationalsozialismus und Faschismus in Verbindung gebracht.

Warum das so ist? Nun, es könnte sich dabei um eine Art »Revanche« an Österreich handeln, denn wenn ein Tourist nach seinem Österreichaufenthalt Daheim erzählt, was ihm in diesem Land wiederfahren ist – vor allem, wenn er mit Behörden zu tun hatte – wie er gedemütigt und beleidigt wurde, dann wird ihm das kaum jemand glauben. Es wirft außerdem ein wenig vorteilhaftes Licht auf ihn selbst, denn »irgendeinen Grund wird es schon gehabt haben, dass die Behörde so reagiert hat.«

Selbst wenn es ihm tatsächlich gelingen sollte, seine Bekannten oder gar den Redakteur einer Zeitung vom Wahrheitsgehalt seiner Schilderung zu überzeugen: Es wird niemanden wirklich interessieren. Schließlich lebt man nicht in diesem Land, also was soll´s. Aber wenn Österreich als Nährboden für wieder aufkeimende Naziideologien präsentiert wird, gewinnt man garantiert die Aufmerksamkeit seiner Zuhörer, weil hier sofort uralte Ängste wach werden. Eine interessante Theorie, nicht wahr?

Vielleicht interessiert es ja den einen oder anderen Leser, wie ich überhaupt dazu gekommen bin, mich mit dem Thema »Österreich« in dieser kritischen Art und Weise zu beschäftigen, warum ich nicht so angepasst wie die anderen Österreicher geworden bin.

Nun, woran es wirklich gelegen hat, vermag ich nicht mit endgültiger Sicherheit zu sagen, aber es gab in der Tat ein paar diesbezügliche Schlüsselerlebnisse, eines davon möchte ich kurz erzählen.

Es ist bereits Jahre her, ich ging damals wie jeden Morgen zu meinem Auto, um zur Arbeit zu fahren, als ich nicht ohne Entsetzen feststellte, dass an meinem Pkw links hinten ein veritabler Schaden entstanden war.

Eine riesige Delle war vorhanden und das Rücklicht war auch kaputt. Anhand der Schleifspuren im Lack war unschwer zu erkennen, dass aus der daneben befindlichen Einfahrt eines Amtsgebäudes jemand anscheinend die Kurve nicht mehr ganz »gepackt« hatte.

Da ich damals gewisse Erfahrungen noch nicht gemacht hatte, nahm ich naiverweise an, in der Hitze irgendeines Einsatzes wäre einfach nur vergessen worden, mich von diesem Unfall zu verständigen. Ich läutete also bei der Sprechanlage des Amtsgebäudes und war sicher, dass sich alles aufklären würde.

Als der Beamte sich meldete und ich ihm die Situation geschildert hatte, meinte er barsch: »Mir war´n des net, auf kan Fall, des lass´ma uns net anhängen – Wiederschau´n!«

Übersetzung:

»Wir waren das nicht, auf keinen Fall, das lassen wir uns nicht anhängen, Tschüss!«

Ich stand da, fassungslos ob dieser Dreistigkeit. Noch niederschmetternder war allerdings, dass alle meine Bekannten, denen ich davon erzählte – auch ein Anwalt war darunter – meinten, dass man hier nichts unternehmen könne weil es eben keine Zeugen gebe, also stünde Aussage gegen Aussage, außerdem handle es sich um eine Behörde und einer Behörde wird in so einem Fall eher geglaubt als mir, punktum.

Obwohl dies meinem Gerechtigkeitsempfinden total widersprach, blieb mir wohl oder übel nichts anderes übrig, als die Angelegenheit auf sich beruhen zu lassen.

Die Zeit verging und ich hätte dieses Erlebnis wohl irgendwann vergessen, wenn mir nicht gänzlich unerwartet der Zufall zu Hilfe gekommen wäre.

Ich ging an diesem Morgen wie jeden Tag zu meinem fahrbaren Untersatz – den Schaden hatte ich noch nicht reparieren lassen – als ein junger Mann in einem grauen Regenmantel das Amtsgebäude verließ und sich auf den Weg zu seinem Auto machte.

Normalerweise hätte ich davon nicht die geringste Notiz genommen, doch irgend etwas war ungewöhnlich an ihm. Er schien nervös zu sein und machte auch einen irgendwie schuldbewussten Eindruck – als ob ihn das schlechte Gewissen plagen würde. Ständig sah er zu mir und meinem Auto herüber und benahm sich auch sonst recht auffällig.

»Entweder ist er es gewesen, der den Unfall verursacht hat oder er weiß zumindest etwas«, schoss es mir durch den Kopf.

Da ich jedoch keine Beweise hatte, beschloss ich, einen Bluff zu versuchen. Ich setzte eine gestrenge, amtliche Miene auf und trat gemessenen Schrittes an ihn heran.

»Entschuldigen Sie, es gibt da ein Problem«, sagte ich in herausforderndem Ton, »Sie haben beim Herausfahren mein Auto beschädigt, Sie sind dabei gesehen worden, es gibt zwei Zeugen!«

Die Wirkung dieser Worte war phänomenal. Der Mann starrte mich an als sähe er durch mich hindurch, wurde blass und ich befürchtete bereits, er könnte jeden Moment tot umfallen.

Plötzlich rannte er los, hinüber zum Amtsgebäude und drückte panisch den Rufknopf der Sprechanlage. Der dienstschlafende Beamte meldete sich. »Hol mir sofurt den Ferd´l owa«, brüllte der Regenmantel, »ich werd´ da beschuldigt wegen der G´schicht und ich denk´ net im Traum daran, dass ich fir eahm den Kopf hinhalt!«

Obwohl ich überzeugt bin, dass der geneigte Leser durch die Lektüre dieses Buches des Wienerischen mittlerweile ziemlich mächtig ist, hier trotzdem die Übersetzung:

»Hol mir sofort den Ferdinand her, ich werde hier beschuldigt wegen dieser Sache und ich denke nicht im Traum daran, für ihn meinen Kopf hinzuhalten!«

Die Reaktion ließ auf sich warten. Schließlich ertönte ein gebieterisches »kumm´ auffe!« (komm herauf) aus der Sprechanlage und der Regenmantel betrat eilends das Amtsgebäude.

Ich wartete noch eine Weile, es geschah nichts, niemand ließ sich blikken. Da es sich um einen Nebeneingang zu dem Gebäude handelte, gab es auch keinen Portier oder sonstige Auskunftspersonen, da war nur eine versperrte Gittertür und die Sprechanlage.

Diesmal war ich allerdings fest entschlossen, die Angelegenheit nicht auf sich beruhen zu lassen. Ich würde den Mann im Regenmantel zweifellos wiedererkennen, außerdem hatte ich ja jetzt einen Vornamen recherchiert: Ferdinand. Die sollten mich kennenlernen.

Ein paar Tage später – ich hatte in dieser Sache bereits einen Termin mit einem Anwalt vereinbart – geschah etwas durchaus Bemerkenswertes. Ein Brieflein flatterte ins Haus, von einer bekannten österreichischen Versicherung.

»Sehr geehrter Herr ..., Bezug nehmend auf den Vorfall, vom soundsovielten möchten wir Sie ersuchen, den Schaden an Ihrem Kfz in einer Werkstätte Ihrer Wahl reparieren zu lassen und uns sodann die Rechnung zur Begleichung zu übersenden.«

Ich tat wie mir geheißen und siehe da, die Rechnung wurde anstandslos bezahlt.

Ich lernte daraus, dass man in Österreich mit entsprechender Hartnäckigkeit und dem nötigen Glück durchaus auch gegen scheinbar oder tatsächlich übermächtige Gegner einen Sieg erringen kann. Wie weiland David gegen Goliath.

Und noch etwas wurde mir durch dieses Erlebnis schlagartig klar:

Eine Behörde in ihrer Gesamtheit eines Deliktes oder Fehlverhaltens anzuklagen, ist immer ein schwieriges Unterfangen.

Die Beamten halten im Normalfall zusammen und mauern, »Eine Krähe hackt der anderen kein Auge aus«, sagt man.

Diese Phalanx muss nun irgendwie durchbrochen, eine Bresche hinein geschlagen werden. Zu diesem Behufe hat es sich als Erfolg versprechend erwiesen, einen einzelnen Beamten, welcher in die Angelegenheit involviert ist, »herauszupicken« – also sozusagen in Sippenhaftung zu nehmen – und vor den Kadi zu zerren. Sogleich wird aus dem ehemals arroganten und höhnischen Amtsorgan ein zitterndes, sich dukkendes Nervenbündel werden, welches sich sofort darauf ausreden wird, nur nach Weisung seiner Vorgesetzten gehandelt zu haben, was wiederum die Vorgesetzten nicht unwidersprochen auf sich sitzen lassen werden. Somit wird das ganze Bollwerk schnell auseinanderbrechen, da natürlich keiner bereit ist, die Verantwortung für irgendeine Malaise zu übernehmen.

So ein Sieg auf der ganzen Linie hat dann interessanterweise auch keine weiteren Folgen – eine Entschuldigung erhält man allerdings niemals.

Immerhin ist man nirgends registriert, steht auf keiner »schwarzen Liste«, wie es in einer echten Diktatur wohl der Fall wäre.

Wenn man gewonnen hat, hat man gewonnen, basta. Denn österreichische Beamte sind nun mal wie die Radfahrer: Nach oben buckeln und nach unten treten.

Obwohl die Gründe für ein derartiges Verhalten durchaus auch logischer Natur sein können, denn da oft auch intern auf untergebene Beamte Druck ausgeübt wird – kleine Erpressungen erhalten bekanntlich die Freundschaft – können sich aus einer solchen Vorgehensweise durchaus auch Fakten ergeben, welche bei einer objektiven Beurteilung, durch ein unabhängiges Gericht eventuell einen strafbaren Tatbestand ergeben können – und da will verständlicherweise keiner seinen Kopf dafür hinhalten müssen.

Faszinierend ist in diesem Zusammenhang für mich aber stets aufs Neue, dass man in einem österreichischen Behördenapparat niemals einen Letztverantwortlichen finden wird, welcher diese Dinge steuert und den man für die Zustände und Vorkommnisse zur Rechenschaft ziehen könnte. Das System ist einfach selbsttragend und zielt nur darauf ab, sich selbst als System am Leben zu erhalten.

Was unterscheidet dieses »System« aber nun von einer Diktatur in herkömmlichem Sinn? Gott sei Dank einiges. Es werden wie bereits erwähnt, keinerlei Aufzeichnungen über »auffällige Bürger« geführt und es gilt das Prinzip der Versammlungsfreiheit und der freien Meinungsäußerung.

Auch Journalisten können ihrer Arbeit weitgehend ungehindert nachgehen, es kann der Journalismus in Österreich sogar als überdurchschnittlich engagiert und erfolgreich bezeichnet werden, zahlreiche Skandale konnten durch Journalisten bereits aufgedeckt werden und Medienberichte erzielen fast immer entsprechende Wirkung. Eine der Ursachen für diesen Erfolg liegt – neben der hervorragenden journalistischen Arbeit – wohl darin begründet, dass in Österreich auch ein Journalist im weiteren Sinn zur »Obrigkeit« gezählt wird und dessen Aussage daher ein entsprechendes Gewicht zubemessen wird.

Gesetze bedürfen ferner einer eindeutigen Mehrheit und Oppositionsparteien sind zugelassen. Auch schützt das rechtsstaatliche Prinzip bis zu einem gewissen Grad vor totaler Willkür, es wäre allerdings dringend erforderlich, die geltenden Gesetze – und den dahinter stehenden Prozess der Gesetzgebung – zu verbessern, bürgerfreundlicher zu gestalten und durch die Einführung eines Qualitätsmanagements abzusichern.

Aber der wohl positivste Umstand: Es herrscht unbeschränkte Reisefreiheit, man kann am Verlassen des Landes nur aus Gründen der

Wehrpflicht oder aufgrund einer Haftstrafe gehindert werden.

Allerdings ist noch viel zu tun, wenn nachfolgende Textzeile eines bekannten Songs keine Gültigkeit mehr besitzen soll:

»Das Beste an Wien, das ist der Schnellzug nach Berlin ...«

Elftes Kapitel

Österreich und die Welt – Zukunftsperspektiven in einem gemeinsamen Europa

Die »Brücke Europas« ist morsch – das böse Ausland – wie kaschiere ich Niederlagen – Ösi, bleib bei deinen Leisten – ein »Wunder-Team« zum Wundern – wie man Motivationstrainer demotiviert – Zukunftsperspektiven – Anregungen für Besserungswillige

In diesem Kapitel wollen wir uns nun mit der Rolle beschäftigen, die Österreich in Europa und in der Welt einnimmt und uns mit der Frage auseinandersetzen, welche Zukunftsperspektiven dieses Land in einem vereinten Europa wohl hat.

Die internationale Position Österreichs wird uns in diesem Land meist rosig und in schönen Farben präsentiert, und wenn man sieht, wie clever hierzulande Statistiken aufpoliert werden, so kann man sich vorstellen, dass die hiesigen Politiker auch sehr erfinderisch sind, wenn es darum geht, Österreich die scheinbare Rolle eines »global player« zuzuordnen. Da ist von einer »internationalen Brückenfunktion zwischen West und Ost« die Rede, von einem »Umwelt-Musterland« und davon, dass Österreich die Standards in der Europäischen Union bestimmen würde.

Vor dem »bösen Ausland« wird auf subtile Art und Weise gewarnt, dort werde man überfallen, Wirtschafts- und Währungskrisen drohen, die Rinder haben alle BSE und der Mais ist gentechnisch manipuliert.

Die Realität sieht wohl etwas anders aus, denn in Wahrheit muss Österreich international ständig »den Schwanz einziehen«, da das Land kaum über entsprechende Fachkompetenzen ausserhalb des Tourismusbereiches verfügt.

Was unter anderem daran ersichtlich ist, dass Österreich über keine einzige wirkliche Elite-Universität – an der Spitzenforschung betrieben werden könnte – verfügt, denn was da jetzt in Niederösterreich – bezeichnenderweise auf dem Gelände einer ehemaligen Nervenheilanstalt – entstanden ist, kann wohl nicht wirklich ernst genommen werden.

»Wir werden die weitere Entwicklung sehr genau beobachten« heißt es dann regelmäßig, wenn es die österreichische Delegation wieder einmal nicht geschafft hat, auf einer internationalen Tagung ihre Interessen durchzusetzen.

Beschlüsse mächtiger internationaler Lobbys, die den Interessen Österreichs widersprechen, werden »autonom nachvollzogen.«

Klingt eben besser, als zugeben zu müssen, dass Österreich wie der einmal eine Regelung einfach aufgezwungen wurde.

Falls nun Österreich tatsächlich eine »Brücke innerhalb Europas« sein sollte, so dürften die Balken dieser Brücke jedenfalls ziemlich morsch sein.

Was die fachliche Qualifikation und deren Einschätzung anlangt, so herrscht international die Meinung vor, dass Österreicher zwar recht brauchbar sind, wenn es sich um eine Stelle als Animateur in einem Ferienclub handelt oder wenn ein Skilehrer benötigt wird, für qualifizierte technische und wirtschaftliche Fachkräfte sucht man aber besser wo anders.

Um nun das eigene Volk davon zu überzeugen, dass es im eigenen Land am Schönsten und Lebenswertesten ist, werden auch gerne Legenden ins Spiel gebracht. Eine solche Legende ist jene vom österreichischen »Fussball-Wunderteam.« und damit ist jene sagenumwobene Mannschaft gemeint, welche in den 1930er-Jahren für Furore gesorgt haben und angeblich unschlagbar gewesen sein will.

Wobei sich mir folgende Frage stellt: Wenn die wirklich so gut waren – warum sind die dann nie Welt- oder Europameister geworden? Nun, wenn man einen »Ösi« mit dieser Frage konfrontiert, wird er ziemlich unwirsch reagieren, da können sie sicher sein, man rüttelt hierzulande eben nicht gerne an Denkmälern.

In diesem Zusammenhang fallen mir – ich weiß eigentlich nicht so ganz, warum – die Motivationstrainer ein.

Ist ja groß in Mode derzeit. Positiv denken, wie habe ich Erfolg im Beruf, mehr Lebensfreude ...

Interessanterweise stammen die bekannten und erfolgreichen Motivationstrainer im deutschsprachigen Raum allesamt entweder aus Deutschland oder aus der Schweiz. Ich würde sie gerne einladen – bei allem Respekt vor deren Tätigkeit und ihrer fachlichen Qualifikation – nur einmal fünf Jahre lang in Österreich zu leben. Ich möchte wetten, dass sie nach Ablauf dieser fünf Jahre, dann genauso depressiv herumsitzen, wie alle anderen und kein Wort mehr von »positiver Energie« oder »neu durchstarten« über ihre Lippen kommt.

Das wäre sicher ein interessantes Experiment – welches ich hiermit anregen möchte. Depressionen sind in Österreich übrigens eine Volkskrankheit – wen wundert´s!

Wie sehen nun die Zukunftsperspektiven Österreichs aus?

Tja, wenn sich nichts ändert, dann werden die Österreicher wohl so weitermachen wie bisher.

Etliche Touristen werden auch weiterhin nach Österreich zum Skilaufen kommen, obwohl die Wintersportorte durch die Klimaerwärmung mit Schneeproblemen zu kämpfen haben werden. Und wenn alle Stricke reißen, gibt es noch immer den Wolfgang Amadeus Mozart, obwohl der ja gar kein Österreicher war. Aber wen interessiert das schon so genau.

Wirtschaftlich wird Österreich von den osteuropäischen Reformstaaten wohl bald überholt werden, da diese zwar nach der Wende* eine wesentlich schlechtere Ausgangsbasis hatten, aber dafür auch mehr Gas geben können, weil sie eben diese massiven behördlichen Einschränkungen und Reglementierungen wie sie in Österreich herrschen, nicht kennen und dadurch auch flexibler und innovativer sein können.

Wogegen in Österreich niemand mehr leistet, als er unbedingt muss – es bringt ja nichts.

*Als »Wende« wird die Ostöffnung im Jahre 1989 bezeichnet.

Was müsste sich nun ändern, damit aus Österreich ein ganz normaler, mitteleuropäischer Kleinstaat werden kann?

Zunächst einmal müsste es sich der österreichische Staat abgewöhnen, ständig alles regeln und bestimmen zu wollen und sich überall einzumischen. Selbst auf die Gefahr hin, dass dem Staat ein paar Steuereinnahmen entgehen: Man kann nicht ständig alles verbieten, womit Bürger Eigeninitiative beweisen, Erfolge erzielen und Geld verdienen können! Das Motto muss vielmehr heißen: Mehr Selbstständigkeit für die Bürger – weniger Entmündigung durch den Staat! Dies bedeutet allerdings auch, dass man dann nicht sofort den Staat zu Hilfe rufen kann, wenn irgend etwas schiefläuft.

Vielleicht könnte die Europäische Union ja auch entsprechende Gesetze erlassen, die den freien Wettbewerb fördern. Das hätte für die österreichischen Politiker obendrein den Vorteil, ihr Gesicht wahren zu können, da diese Neuerungen ja dann »aus Brüssel kommen« – und mit dem EU-Beitritt war man schließlich einverstanden.

Eine derartige Liberalisierung – die allerdings bereits in den Köpfen beginnen müsste – hätte weiters den Vorteil, dass mehr Arbeitsplätze geschaffen werden könnten, da mehr internationale Firmen bereit wären, ihre Standorte hierher zu verlegen. Denn bei einem derart dirigistischen und wirtschaftsfeindlichen Klima ist kein Konzern bereit, in Österreich zu produzieren, da kann man »Steuerzuckerl« anbieten, soviel man will, das nützt nichts.

Zum anderen könnten dann aber auch die österreichischen Einwohner ihr »Schneckenhaus« verlassen und eigene Ideen und Innovationen auf den Markt bringen.

Die Österreicher waren stets ein pfiffiges Volk, an Ideen mangelt es ihnen sicher nicht. Wenn eine echte Privatwirtschaft existieren würde, müssten auch weniger staatliche Unterstützungsleistungen in Anspruch genommen werden – weil es Alternativen gibt.

Es darf für einen Betrieb nicht attraktiv sein, einfach zuzusperren und Insolvenz anzumelden, frei nach dem Motto »Hinter mir die Sintflut.« Eine notwendige Freisetzung von Mitarbeitern muss auch auf andere

Art und Weise möglich sein, so unangenehm dies für die Betroffenen auch ist.

Ein entsprechendes Wirtschaftswachstum – wozu allerdings eine funktionierende Privatwirtschaft unabdingbar ist – hätte darüber hinaus den Vorteil, dass gekündigte Mitarbeiter dann auch leichter einen neuen Arbeitsplatz finden.

Was noch wichtig wäre: Runter mit den Gebühren und Abgaben!

In Österreich sind beispielsweise die Kosten für ein Girokonto wesentlich höher, als im EU-Durchschnitt, auch der Staat verlangt für alles und jedes von seinen Bürgern einen – überhöhten – Obolus. Diese Abzocke muss aufhören, da dadurch auch Produkte und Dienstleistungen kostenmäßig belastet werden.

Auch die Steuern müssten auf ein vernünftiges und für jeden Gewerbetreibenden tragbares Maß reduziert werden, das hierdurch verringerte Steueraufkommen könnte durch rigide und flächendeckende Kontrollmechanismen, und der Verhängung entsprechender Bußgeldbeträge – denn Unbelehrbare gibt es immer – mehr als kompensiert werden. Dadurch könnten auch – etwa im Bereich der Steuerfahndung – zusätzlich Arbeitsplätze geschaffen werden.

Ferner wäre es erforderlich, die Gesetzbücher zu entrümpeln und jene Gesetze, welche noch aus der Zeit Maria Theresias stammen, zu überarbeiten und den heutigen Gegebenheiten anzupassen.

Der Gesetzgeber müsste ferner dazu angehalten werden, beim Erlassen von Gesetzen mehr Sorgfalt walten zu lassen, wobei eine einfache Maßnahme hier Abhilfe schaffen könnte.

In die Bundesverfassung sollte mit sofortiger Wirkung folgender Grundsatz aufgenommen werden: »Alles ist erlaubt, was nicht ausdrücklich verboten ist.« Dies würde den Gesetzgeber zwangsläufig dazu bringen, sich genauer zu überlegen was er tut, wenn er ein Gesetz verabschiedet. Leider herrscht in Österreich derzeit die genau entgegengesetzte Regel vor, denn alles ist hierzulande verboten, was nicht ausdrücklich erlaubt ist.

Somit hat der Gesetzgeber bei einer entsprechenden Nachlässigkeit keine Konsequenzen zu fürchten, denn falls er vergessen haben sollte, einen bestimmten Umstand in seinem Gesetzestext zu erwähnen, so wäre jener ohnehin automatisch unter »verboten« einzureihen und es können somit keine für den Gesetzgeber nachteiligen Konsequenzen entstehen.

In diesem Zusammenhang sollte bei der Gesetzgebung auch verpflichtend das Wohl der Bürger zu berücksichtigen sein – nicht nur das Wohl des Staates.

Wenn man nun gerade dabei ist, den Prozess der Gesetzgebung zu überarbeiten, so sollte man auch gleich – idealerweise in Verbindung mit einem Qualitätsmanagement – ein tourliches monitoring installieren um sicherzustellen, dass alle Gesetze stets auf dem neuesten Stand sind und den aktuellen Gegebenheiten entsprechen.

Auch der Polizeiapparat müsste modernisiert und die Beamten mit den modernen Methoden der Verbrechensbekämpfung vertraut gemacht werden. Das anglo-amerikanische Polizeimotto »to serve the community« sollte übernommen und in der täglichen Arbeit aktiv gelebt werden, auch wäre eine intensivere Zusammenarbeit zwischen Polizei und Justiz wünschenswert, derzeit kommunizieren diese Bereiche nur notdürftig miteinander.

A propos »Teamwork.« Bei der interdisziplinären Zusammenarbeit der einzelnen Fachbereiche wäre generell einiges zu verbessern, zum Beispiel zwischen den Fachgebieten Kriminalistik und Medizin. Da ein Mediziner naturgemäß andere Schwerpunkte setzt und somit anders vorgeht als ein Kriminalist, wären eindeutige Vorgaben notwendig, um etwa bei Aufnahme und Behandlung von Verbrechensopfern im Spital relevante Spuren und Beweise zu sichern und somit eine entsprechende Rekonstruktion des Tatherganges zu ermöglichen. Denn das dafür notwendige know-how ist theoretisch schon seit längerem vorhanden, man müsste es nur entsprechend einsetzen.

Weiters sollte in allen Bereichen der öffentlichen Verwaltung ein Qualitätsmanagement eingeführt und aktiv gelebt werden.

Ach ja, noch etwas, bitte etwas mehr Toleranz gegenüber allem, was
»anders« ist!

Und zu guter Letzt würde es dem österreichischen Staat und seinen Bewohnern gut anstehen, Österreich nicht ständig als etwas Besonderes
zu betrachten und ständig eine »Extrabehandlung« zu erwarten. Wenn
man die Rolle als europäischer Kleinstaat akzeptieren und nicht stets
eine Sonderbehandlung fordern würde, ginge vieles leichter.

Natürlich sind solche umfangreichen Änderungen nicht von heute auf
morgen möglich und bei einem über Jahrhunderte fast unverändert
praktizierten System sind Veränderungen natürlich umso schwieriger.
Allerdings müsste der Wille, etwas zum Besseren bewegen zu wollen,
erst einmal vorhanden sein. Denn um neue Ufer zu entdecken, muss
man den eigenen Hafen verlassen, das ist eine alte Seefahrerweisheit.

Es würde mich sehr freuen, wenn vielleicht gerade dieses Buch dazu
beitragen könnte, hier einen Sinneswandel herbeizuführen und die
Dinge in diesem Land in geordnete Bahnen zu lenken.

Nachwort

Nun haben wir die Österreichische Alpenrepublik genau betrachtet, aus der Ferne wie aus der Nähe.

Wir kennen jetzt die Seele der Österreicher, deren Ängste und Hoffnungen und wissen, worauf der österreichische Staat seine Macht gegenüber den Bürgern begründet.

Es wäre mir nun sehr daran gelegen gewesen, ein versöhnliches Schlusswort für dieses Buch zu finden. Gerne hätte ich geschrieben, dass eindeutige Anzeichen einer Wendung zum Besseren feststellbar sind, und aus Österreich in absehbarer Zeit ein normaler europäischer Kleinstaat werden kann.

Aber, so sehr ich mich auch bemühe, es will mir nichts dergleichen aus der Feder. Weshalb? Weil eben derartige Signale nirgends erkennbar sind, nicht einmal in mikroskopisch kleinen Ansätzen.

Aber, wird der Leser jetzt einwenden, irgendetwas Positives muss es doch abschließend über Österreich zu sagen geben?

Doch, das gibt es.
Die Österreicher können sehr gut Skilaufen.

»Menière desaster:
der Feind in meinem Innenohr«

Autorin: Sylvia B.
Verlag: Books on Demand Norderstedt
Erscheinungsdatum: April 2009
128 Seiten, broschiert
8,90 Euro
ISBN: 978-3-8370-9575-3

Nähere Infos auf der Homepage:

www.sylvia-b.de

Zum Inhalt:

Fast 150 Jahre nach ihrer Erstbeschreibung durch den französischen Arzt Prosper Menière erscheint die nach ihm benannte Erkrankung in weiten Teilen immer noch mysteriös. Weder sind die genauen Ursachen dieses Leidens, noch eine zuverlässige oder heilende Behandlung bekannt. Die Autorin, die selbst fast zwei Jahrzehnte unter schweren Menière Anfällen litt, beschreibt in ihrem Buch aus der Distanz einer Beobachterin mit dem ihr eigenen Galgenhumor und doch eindringlich und sensibel diese Geschichte vom verzweifelten Kampf gegen eine unheimliche Krankheit. In ihrem Schreibstil, der sich bewusst poetischer Gestaltungsmittel bedient, erlaubt sich die Autorin, zu den Legenden um den Maler Vincent van Gogh, der ebenfalls als Menière Erkrankter gilt, auch ihre eigenen Überlegungen zu winden. Mutig und spannend geschrieben spricht dieses Buch auch Nichtbetroffene an.

»Fluffige und andere Zeiten"
Heitere und besinnliche Kurzgeschichten, Fabeln und Gedichte«

Autorin: g. c. roth
Verlag: Books on Demand Norderstedt
Erscheinungsdatum: Juli 2008
104 Seiten, broschiert
9,80 Euro
ISBN: 978-3-8370-5597-9

Nähere Infos auf der Homepage:
www.wortschmiede-roth.de

Zum Inhalt:

Haben Sie jemals versucht, es einem deutschen Beamten Recht zu machen? Haben Sie jemals versucht, mit drei kleinen Kindern einen unbeschwerten Vormittag im Schwimmbad zu verbringen? Oder haben Sie jemals versucht, im Baumarkt eine telefonische Auskunft zu bekommen? Dann wissen Sie wahrscheinlich, wie schnell einem das Lachen vergehen kann. Trainieren Sie Ihre Lachmuskeln, lassen Sie sich einfangen, von skurrilen Geschichten, tiefgründigen Fabeln, und Gedichten vom Lachen und vom Weinen. Entdecken Sie die amüsanten Seiten eines ganz 'normalen Alltags', oder auch die stillen, nachdenklichen Augenblicke, die das Leben bereit hält. g.c.roth nimmt Sie mit in eine herrlich fluffige Welt. Ideal zum Lesen, Vorlesen und Verschenken.

"Meine Kurzgeschichten enthalten immer einen realen Kern. Manche geraten während sie geschehen zum Desaster, andere erst, wenn ich sie aufschreibe", so g.c.roth, ostfriesische Autorin, die dem ganz normalen Wahnsinn, dem wir täglich überall begegnen, fast immer auch eine heitere Seite abgewinnen kann. Und weil die Geschichten jedem von uns ganz genau so auch passieren könnten, macht dieses Buch so viel Spaß.

»Herzklopfen und Sachertorte«

Autorin: Ruth Elisabeth Meisner
Verlag: Books on Demand Norderstedt
Erscheinungsdatum: Februar 2007
144 Seiten, Paperback
10,00 Euro
ISBN: 978-3-8334-7012-7

Nähere Infos auf der Homepage:
www.ruthelisabethmeisner.de

Zum Inhalt:

In Wien laufen sich Marleen und Chris immer wieder über den Weg. Marleen, die sich gerade von ihrem Freund Jan getrennt hat und erst einmal nichts von den Männern wissen will. Und Chris, der schon sein ganzes Leben lang auf der Suche nach der einzig wahren Liebe ist. Beide haben das Gefühl, sich schon ewig zu kennen. Langsam entwickelt sich eine zarte Romanze zwischen den beiden, doch dann müssen sie eine Entscheidung treffen, die ihr ganzes Leben verändert. Und mitten im Gefühlschaos tritt auch noch Jan wieder in Marleens Leben. Wie wird sich Marleen entscheiden? Gibt sie der Liebe eine Chance?